Caïd de l'amour

préface de Tim Guénard

Ladji Diallo

Caïd de l'amour

témoignage

Monthabor

«Si tu penses comme moi, tu es mon frère.
Si tu penses différemment, tu es deux fois mon frère
car tu m'ouvres à autre chose.»

Amadou Hampâté Bâ

Préface

Chercheur d'amour !

Merci mon cher Ladji pour ce livre témoignage que j'ai lu... d'une traite !

Je trouve que ton récit donne des éclairages et des réponses à notre monde actuel, c'est précieux. Tu nous fais là un beau cadeau.

Une fois de plus, tu démontres que chaque enfant, même rempli de violence, est attiré vers un plus. Je te reçois 5/5.

Merci à chacune des personnes qui t'ont mené à aller vers ce « plus » auquel tu aspirais sans le savoir.

Merci à tes parents, africains et musulmans, d'avoir osé l'aventure de ce camp de vacances avec le père Joseph. Sans le savoir, ils ont participé à ta nouvelle liberté, à ta découverte personnelle du Big Boss.

Merci à ceux qui ont été tes supporters pour développer tes nombreux talents. Pour toi, un professeur de français, pour moi un prof de maths, ont participé à notre transformation. Puissent beaucoup d'enseignants, en te lisant, trouver encouragement pour leur grande vocation.

Tes talents te permettent aujourd'hui de partager ton amour passionné pour la vie, pour l'homme et l'univers, pour l'absolu, dans une joie communicative.

Merci pour l'exemple de ton intégration d'amour, dans ta famille, avec les voisins de ta chère vallée, avec tous ceux que le Big Boss met aujourd'hui sur ton chemin lors de tes nombreux voyages.

Merci de montrer qu'il ne faut pas avoir peur de nos différences. Reçu 5/5.

Un peu comme un parrain ou un grand frère, je suis fier et ému de ta disponibilité au Big Boss et de ton souci des autres. Je suis touché par ton cheminement avec Martine, ta bien aimée, que je considère comme ma petite sœur, et par le grand souci que vous avez ensemble de vos deux fils.

Je pense que je ne serai pas le seul à lire ton récit... d'une traite ! Je me réjouis de tous les «plus» que ton livre va apporter à plein de gens. Je le souhaite pour les lecteurs, plus encore que pour toi. Car pour toi, je le sais par expérience, en donnant le manuscrit, tu as tout donné et plus rien ne t'appartient.

Belle vie au «*Caïd de l'amour*» et bonheur à tous ceux qui le liront, à ceux qui pourront se reconnaître et trouver un encouragement, à tous les chercheurs d'Amour !

Tim Guénard,
Lourdes, le 18 février 2015

Prologue

Le héros de la bande

Je le sentais, ça allait cogner aujourd'hui. Je le savais. Ça allait faire mal. Je ne sais pas pourquoi, quelque chose dans l'air… J'étais prêt à en découdre. Le match aller avait été tendu, mais pas plus que d'habitude. Pas moins en tous cas : on se cherche toujours un peu, on se provoque, on est prêt à s'enflammer à la moindre occasion.

Mais ce jour-là, ça sentait le feu d'artifice. Je me prépare à faire la guerre, et j'adore cette sensation. Je ne sais pas pourquoi je vais cogner, mais je sais que je vais lâcher tout ce que j'ai dans le ventre. J'ai envie de faire mal.

Dans les vestiaires, les esprits s'échauffent. L'entraîneur nous parle de tactique, d'objectifs de jeu. J'écoute d'une oreille distraite : j'attends la confrontation. Je sais que ça va tourner à l'affrontement, et que je ferai tout pour y parvenir. Déjà, en entrant sur le terrain, le ton est donné. Je jauge mes adversaires du regard. Il y a dans mes yeux comme une promesse de mort. Visage fermé, mâchoires crispées, j'avance en chaloupant d'une jambe sur l'autre. On pourrait croire que je me concentre pour le match.

Au coup de sifflet de l'arbitre, chacun prend sa place sur le terrain de jeu. Et quel jeu ! Dans le rond central, je suis face à mon adversaire. L'arbitre nous rejoint avec le ballon, s'immobilise un instant, et le lance entre nous deux. C'est comme un pas de danse. Dans une parfaite symétrie, nous fléchissons les genoux, avant de bondir pour saisir la balle. Je l'emporte de tout mon élan, renvoyant la balle en arrière, elle atterrit entre les mains de Sofiane, notre meneur d'équipe. Le match commence.

Les premières minutes sont fluides. Bouba se fait plaisir en enchainant plusieurs paniers à 3 points. Mon équipe domine sans effort. Sofiane distribue bien les balles, il organise le jeu, provoque de belles combinaisons. L'équipe adverse est prise de court. Notre jeu va trop vite pour eux. Nous dominons la partie, et finalement, peut-être allons-nous simplement goûter le plaisir de gagner sans cogner. Je suis d'humeur olympique : grâce à ma détente, je récupère quasiment toutes les balles au rebond. On me surnomme Dennis Rodman, le joueur mythique de la NBA. Il est aussi connu pour ses tatouages, ses piercings, et ses coupes de cheveux teintés d'une nouvelle couleur chaque semaine. Je veux être comme lui, un colosse qui fait peur à tout le monde et que rien n'arrête.

Fin de la première période. Chaque équipe va de son côté pour reprendre souffle. L'entraineur nous encourage mais je ne l'écoute pas. Je cherche la faille, le moment où je pourrai déclencher la bagarre. Il n'a pas fallu longtemps : en voulant récupérer la balle, un gars de l'équipe adverse me bouscule. A peine. Ma réaction éclate comme un coup de tonnerre. Du plat de la main, je le pousse si violement qu'il s'étale de tout son long au sol.

- Qu'est-ce qui t'arrive ? Tu veux jouer les bonhommes avec moi ?, lui dis-je goguenard.

Il se relève vivement pour riposter. Mais deux de ses co-équipiers l'empêchent d'aller plus loin. L'arbitre me fait signe de me calmer ; ce n'est absolument pas dans mes intentions. Le match reprend, et je ne lâche plus mon adversaire. Il joue bien, il résiste à la pression, ce qui ne fait qu'attiser ma colère sourde. Alors qu'il parvient à me passer, je balance ma jambe, et il se prend les pieds, et se fracasse sur le sol. Une chape de plomb s'abat sur le terrain : tous les regards se braquent sur moi. Mon entraîneur se prend la tête entre les mains. Un coup de sifflet tonitruant résonne dans la salle de sports. L'arbitre est scandalisé... Et pourtant, ce n'est pas fini ! Quand le joueur se relève, il se précipite sur moi. Je l'attends de pied ferme : « Enfin ! Ça va vraiment jouer ! », me dis-je intérieurement.

Je me déchaîne, je renvoie mon souffre-douleur au sol, je m'acharne avec un petit air supérieur, et j'entraîne mes camarades dans la mêlée. Le terrain de basket se transforme en véritable champ de bataille. L'odeur de la violence m'excite. Je distribue des coups de pied, des coups de boule à tous ceux qui se trouvent sur mon chemin. Mon entraîneur et l'arbitre ne savent plus comment faire cesser la bagarre. Quelques supporteurs horrifiés quittent les tribunes et se ruent sur le terrain pour tenter de nous séparer. L'équipe de Pontault Combault a son compte : nous leur avons infligé une belle leçon et nous nous arrêtons enfin, satisfaits.

Le match est interrompu. Nous rentrons dans les vestiaires et l'entraîneur nous passe un savon. Il est écœuré. Loin de réaliser la bêtise de notre comportement, nous fanfaronnons à travers la cité. Ma réputation de cogneur ne m'a pas fait défaut aujourd'hui : je suis le héros, acclamé par toute la bande. Je suis un caïd.

Chapitre 1

Une enfance parisienne

Mes parents sont nés au Mali. Je suis né en France. Comme chacun de mes petits frères et sœurs. Mon grand frère Mahamadou, que l'on surnomme « Madou », est né au Burkina Faso. Il est arrivé en France à l'âge de 3 ans, avec ma mère. La famille est importante pour nous, c'est une évidence. Nous ne vivions pourtant pas dans une situation très confortable, tout au moins au début. Une grande rue du côté de Belleville, à Paris, dans le dixième arrondissement ; une lourde porte en bois à pousser, un couloir aveugle à traverser, une petite cour, et enfin, à droite, un escalier en bois à gravir jusqu'au dernier étage qui mène à l'appartement où j'ai grandi en famille.

C'est là que se trouvent tous mes souvenirs de petite enfance : à neuf dans un deux-pièces, on était un peu les uns sur les autres ! J'en garde un souvenir précis. L'odeur de la cuisine africaine que masque à peine les senteurs d'encens. Le bruit de la sauce qui mijote à feu doux. Ma petite sœur est accrochée au dos de ma mère par un pagne. Le passage des oncles et tantes élargit encore la famille. Et le bruit qui envahit le petit appartement, pas seulement lors des matches de foot à la télévision… C'est peu de dire qu'il régnait un joyeux foutoir !

Je suis le deuxième d'une fratrie de sept enfants et avec mon grand frère, nous faisons la paire. Cette proximité pas toujours facile à vivre a aussi soudé irrémédiablement la fratrie : dormir les uns contre les autres, alignés sur 12 m^2, est propice aux fous rires, aux chamailleries et constitue de vrais moments de complicité. C'était aussi l'occasion de faire face ensemble aux difficultés... Il fallait se soutenir, s'encourager, affronter aussi notre mère qui savait se montrer d'une rare sévérité. Il fallait encaisser, subir parfois quelques châtiments. Mais nous étions ensemble, solidaires et attentifs.

Et puis nous vivions le plus souvent dehors ! La rue Saint-Maur nous a bercés, nous a nourris, nous a fait voir ses détours et ses secrets. Les enfants du quartier, non loin de Belleville, issus de différentes cultures d'Afrique noire ou du Maghreb, se retrouvaient au pied des immeubles. Les boubous côtoyaient les costumes-cravates et les djellabas dans un joyeux mélange. Avec toutes ces communautés différentes, les langues se croisent, s'accrochent et se parlent. Petite bande de gamins espiègles noirs, blancs, arabes, asiatiques, nous transformons les places en terrain de foot, les ruelles en piste de vélo. À l'heure du goûter, le supermarché de quartier nous procure une manne céleste.

Pourvu qu'on ne se fasse pas choper, gâteaux, chocolat, boissons sont à profusion. Avec des vélos de fortune, nous explorions les environs. Epris d'aventure, nous nous enfoncions dans le métro, sans tickets évidemment. Se glisser sous les tourniquets, se faufiler parmi la foule dans les wagons pour conquérir Paris... parfois jusqu'à aller traîner à l'ombre de la Tour Eiffel : c'était toute une expédition !

Nos parents ignoraient tout de ces échappées belles. Ils étaient absorbés par leurs activités. Aujourd'hui encore, je ne sais pas s'ils nous faisaient confiance ou bien nous laissaient pousser sans trop se préoccuper de nous, comme eux-mêmes avaient grandi au village, au Mali, où les enfants sont pris en charge par la communauté tout entière. Même la transmission de la religion musulmane – si importante pour eux – n'était pas à l'ordre du jour. Alors que mes camarades de jeu étaient inscrits à l'école coranique, nos parents ne nous avaient pas poussés dans cette voie. Sans doute voulaient-ils nous laisser assez libres vis-à-vis de l'islam pour faciliter notre insertion sociale… Je vois encore mon père, ma mère, en prière. Cinq fois par jour, tournés vers La Mecque, ils se retiraient du monde et se tournaient vers Dieu, dans une attitude tout à la fois impressionnante et pour moi indifférente.

Ne croyez pas à une enfance rangée et sage : livré à moi-même, mes premières bêtises n'ont pas tardé. Je devais avoir à peine 8 ans. Le dimanche, avec un copain, j'escaladais les murs de l'école, je montais sur le toit pour accéder aux classes en poussant les fenêtres mal fermées. Une fois dans l'école vide, j'inspectais systématiquement les bureaux des professeurs pour rafler la monnaie qui traînait : il y avait toujours un peu d'argent à récupérer ! D'accord, ce n'était pas joli-joli mais surtout je prenais d'énormes risques en jouant les équilibristes pour quelques francs de l'époque.

Je garde un vif souvenir d'une de ces escapades dans la capitale : je ne sais plus comment j'avais appris que David Hasselhoff qui incarnait à l'écran Michael Knight venait à Paris présenter sa fameuse voiture noire. Toute une génération se souvient de K2000, l'auto fabuleuse qui parle, partenaire mythique de la série américaine. En tous cas, cette voiture me faisait rêver, et je devais absolument réussir à voir K2000 ! A quelques uns, nous nous sommes mis en route jusqu'au Trocadéro. Après m'être glissé sous les tourniquets du métro, j'ai grimpé les escaliers en courant, pour voir enfin la voiture qui parle. La déception fut grande en face du bolide immobile qui répétait toujours la même chose d'une voix atone. Mais quelle aventure !

Le revers de cette grande liberté n'allait pas tarder à s'imposer… Aujourd'hui, l'enfant est choyé, au cœur de la vie familiale. Mais selon la tradition africaine, l'enfant représente un investissement pour l'avenir. Plus on a d'enfants, plus l'avenir est assuré, et les rejetons sont redevables du don de la vie que leur ont fait leurs parents. Mes propres parents ont souffert de cette réalité sociale, ce qui ne les conduisit pourtant pas à casser cette chaîne.

Petit à petit, j'ai compris que je n'étais pour mon père, pour ma mère, qu'une sorte « d'assurance » sur l'avenir. Ils n'espéraient en moi qu'en fonction du potentiel économique que je pouvais représenter. Il y avait une certaine satisfaction à découvrir que la famille comptait sur moi, selon les règles de solidarité familiale en Afrique, mais j'aspirais à exister pour moi-même, à être reconnu pour ce que j'étais…

Ce lien utilitaire entre les générations et aussi le grand nombre de frères et sœurs n'ont guère favorisé les échanges avec mes parents. Ma mère pouvait se montrer très dure, voire violente avec nous, n'ayant pas trouvé, sans doute, d'autre mode d'expression. Mon père, peu présent dans la vie quotidienne, se consacrait à son travail de boulanger. Ce fut l'occasion d'un des souvenirs d'enfance les plus magiques. Il travaillait de nuit, et m'entraîna une fois avec lui. Je n'avais que 8 ans. Sorti de la chambre dortoir en pleine nuit, habillé à la hâte, j'étais déjà tout émerveillé d'être entraîné dans les ruelles de notre quartier jusqu'à son fournil. Arrivé dans l'atelier, mon père s'empressa de prendre la succession de son collègue qui pétrissait déjà la pâte brassée par d'énormes machines. Encore engourdi de sommeil, je ne devais pas bouger, assis dans un coin. Je le vois s'activer en silence, enfourner des pains de toutes formes. Il règne une douce chaleur. Mon père sort du four les baguettes croustillantes qu'il range dans de grands paniers. La bonne odeur du pain chaud se répand. Une fournée de croissants et petits pains au chocolat est maintenant à point. « Tiens, c'est pour toi. »

Mon père me propose un croissant craquant, qui me brûle les doigts. Mes yeux se mettent à briller. Je le prends délicatement. Je le sens. Je n'avais jamais goûté un croissant avec une si vive attention. Il croustille légèrement sous la dent. Il est délicieux. Instant magique, souvenir d'enfance inoubliable ! Je déguste mon croissant pendant que mon père prépare une dernière fournée.

Cette nuit inoubliable s'est poursuivie avec la tournée : une fois le pain sorti du four, mon père livrait les premiers clients dans Paris encore endormi. Circuler de nuit, à toute vitesse dans la ville lumière déserte… J'écarquillais les yeux sans oser prononcer un mot. Les boulevards défilaient sous mes yeux, les beaux immeubles, les quais, les monuments les plus célèbres. Tout est éclairé comme dans un manège. Mon père s'arrête, livre sa marchandise. Redémarre. Quelle n'est pas ma surprise quand il se gare au pied de la Tour Eiffel. Elle est grande, impressionnante. Cette fois-ci, je descends de la camionnette et je l'accompagne. Il prend plusieurs sacs de baguettes et nous voilà à l'intérieur de la tour. Incroyable !

- Eh Yacou, c'est ton fils ?

- Oui, c'est la première fois que je l'emmène avec moi.

- Il est mignon ! Est-ce que t'aimes le chocolat ?

J'acquiesce d'un signe de tête. L'homme revient avec une petite Tour Eiffel en chocolat.

- Merci monsieur.

Décidément, c'est mon jour de chance. Mon père et l'homme blaguent, rient à gorge déployée. Tout en contemplant les rues de Paris, je déguste ma Tour Eiffel en chocolat.

La fourgonnette suivait un parcours bien établi. A chaque fois que mon père mettait le contact après avoir déposé un lot de baguettes, la cassette de musique africaine reprenait de plus belle dans le vieux poste autoradio. C'est un des plus beaux souvenirs qui me reste de l'enfance : mon père, cet Africain du fleuve Niger, réveille la ville endormie avec son pain tout chaud. Il se met à chanter doucement par dessus la musique. Et me dit : «Tu vois, quand j'écoute cette musique, ça me donne envie de pleurer».

Chapitre 2

L'Afrique de mes parents

À l'inverse de beaucoup de compatriotes, mon père n'avait pas du tout envie de vivre en France. Pressentait-il que l'Eldorado n'était qu'un mirage ? 1975 : il était encore assez facile de venir chercher du travail à Paris, et c'était la meilleure solution, pour le clan tout entier, de s'assurer des revenus suffisants. L'enfant africain n'a pas son mot à dire : mon père fut désigné par ses propres parents. Il n'avait plus qu'à s'exiler.

Paris ! Le rêve américain de beaucoup d'africains, surtout dans ces années-là… Paris, ville de lumière et du capitalisme flamboyant. Au Mali, on raconte que les rues de Paris et les trottoirs brillent, que tout le monde y est heureux, que des transports en commun circulent sous terre, que les offres d'emploi surabondent, que la pauvreté n'existe pas, que la santé est bonne, que l'argent se trouve dans toutes les poches. Le bonheur y rayonne sur chaque visage. La télévision et les slogans africains le disent bien.

On imagine qu'il fait bon y être, quel que soit le moment de l'année.

Il a fallu des années pour que mon père raconte son périple, l'arrivée en France… Traversant le désert, il laissa son pays, ses amis derrière lui pour passer le Sahel, prendre le bateau vers l'Espagne, puis le train qui l'amena en France. Epuisé par son voyage, il restait endormi dans le train arrivé en gare, quand une main vint lui secouer vigoureusement l'épaule. Mon père finit par se réveiller : face à lui, un agent à casquette insiste :

- Réveillez-vous monsieur, nous sommes à Austerlitz.

Les yeux mi-clos, mon père, jette un coup d'œil rapide par la fenêtre et voyant le décor sombre et triste, avec les voyageurs qui courent partout, répond à l'homme à casquette :

- Vous vous trompez ; je ne descends pas ici… Je vais à Paris !

- Mais monsieur, vous êtes à Paris, lui dit l'homme d'un ton plus sec.

- Impossible, jette mon père : c'est tout sauf Paris ! Les gens n'ont pas l'air heureux !

Le contrôleur comprenant à qui il a à faire tente de se faire plus conciliant :

- Monsieur, regardez autour de vous : vous voyez qu'il n'y a plus personne dans le wagon car nous sommes au terminus, et tout le monde est descendu !

Mon père a fini par se rendre à l'évidence, et quitta le train, vêtu d'une tenue légère et de son balluchon. L'air froid le saisit.

Quel choc ! L'horizon est bouché. Aucun soleil. Il devait débarquer dans un pays riche et heureux, alors que les passants, pressés et fermés, se bousculent sans s'adresser une parole. Arrivé en plein hiver, il grelottait, hébété : personne ne s'arrêtait, ne s'inquiétait de lui, ne cherchait à l'accueillir d'une manière ou d'une autre, comme cela se passe en Afrique. Est-ce bien ici, la vie opulente qu'on lui avait promis ? Dans son errance, il a fini par trouver les foyers où résidaient les immigrés d'Afrique de l'ouest. Il y trouva la chaleur qui lui manquait et parvint tout doucement à s'acclimater à la France. Avant que son épouse ne le rejoigne, avec mon frère aîné né au pays avant son départ et avant que la famille s'agrandisse.

N'empêche : la blessure originelle ne se referma jamais. Une fois la retraite venue, mon père est retourné s'installer « au pays ». Sans doute ne s'est-il jamais vraiment remis du froid physique et intérieur qui l'a saisi dès qu'il a posé le pied sur le sol de France.

La mère de mon père était une grande féticheuse. Lorsqu'elle s'est trouvée enceinte, il y a bien longtemps, elle dut se soumettre aux rites ancestraux. Assise sur une chaise en bois, entourée de ses masques, gri-gris et autres objets sacrés, elle commença une séance, entourée des villageois. Mon père devait être confié aux génies : il deviendrait ainsi fils des djinns. Les assistants de ma grand-mère s'activent, vont et viennent pour que tout soit prêt. L'instant est solennel. Le signal est donné, la cérémonie démarre. Les incantations, les interjections, les chants fusent à tous vents, raconte la légende familiale. Les gens espèrent beaucoup d'elle, grande féticheuse. Ils viennent la voir pour qu'elle règle leurs problèmes : elle y remédie généralement par le sacrifice d'un animal, la phase la plus intense du rite magique. Le sang recueilli sert le plus souvent à arroser les objets sacrés pour renforcer leur pouvoir surnaturel. Ils la consultent tour à tour, régulièrement. Mais ce jour-là, c'est son propre enfant qui est au cœur de la cérémonie de consécration.

Le son sourd des tam-tams entraine les chants de l'assemblée dans un rythme effréné. Elle appelle les génies, ces esprits invisibles qui font l'intermédiaire entre les hommes et Dieu. Elle les invoque pour bénéficier de leurs pouvoirs en vue de soulager les maux des hommes. Elle les connaît et sait que ces esprits aux multiples facettes ne sont pas tous commodes, certain d'entre eux sont même capricieux. Elle les appelle jusqu'à ce qu'ils la possèdent, qu'ils se manifestent dans son corps. Elle ne cesse de répéter les formules de circonstance pour confier son futur né à la bienveillance des génies. L'assemblée ne s'interrompt pas et redouble de conviction dans son chant incantatoire. Un sentiment de foi mêlé à la peur règne dans le cœur des présents.

Soudain, l'extraordinaire se produit. Ma grand-mère est prise de spasmes, ses mouvements sont désordonnés, elle se raidit puis se lâche, va et vient, sa tête se désolidarise de son corps par des mouvements circulaires. Son souffle a changé de rythme, elle halète comme un fauve. Les génies sont là, en elle, et semblent exaucer sa demande. La foule saisie de crainte persévère dans ses incantations. La tension est palpable. La scène paraît se situer hors du temps. Les mouvements de ma grand-mère, comme pour atteindre leur paroxysme, s'amplifient dans une sorte de danse tribale. L'enfant qu'elle porte dans son sein deviendra désormais le fils des génies. La cérémonie entame alors sa descente progressive jusqu'à ce que ma grand-mère se retrouve avec elle-même.

L'assemblée est satisfaite. Ma grand-mère semble avoir fait son devoir en tant que guérisseuse. Mon père, quant à lui, avant même de voir la lumière de son premier jour, goûte déjà à cette culture de rite traditionnel. Cette consécration, est-ce une bénédiction ou une malédiction ? Pour lui, mais pour nous tous aussi, cette origine n'est pas sans conséquence : c'est notre histoire.

Sa petite enfance se déroule paisiblement : il baigne des années durant dans une sorte de tranquillité auprès de sa famille, dans une commune située au nord du Burkina Faso. Il finira par me le confier, bien plus tard : il a aimé cette vie, ce climat, cette culture si riche constituée de nombreux dialectes. Mais à l'adolescence, il fut envoyé auprès d'un oncle tyrannique qui l'exploita, le frappa comme plâtre, sans mesure ni pitié. Des années de souffrance qu'il fallut endurer avant de fuir et rentrer enfin au village parental.

Alors en âge de se marier, on lui présenta plusieurs femmes. Cette fois, la parole de mon père eut de la valeur :

il put choisir son épouse en toute liberté. Et parmi toutes les prétendantes, aucune ne trouva grâce à ses yeux. Ma grand-mère remua ciel et terre, allant jusqu'au nord du Mali, non loin de Gao, auprès de sa famille éloignée pour dénicher la belle, qui devint ma mère. Appartenant à la tribu des Songhaï, elle quitta alors son beau village de Bagoundié, au bord du fleuve Niger, dont son père était le chef. Les familles respectives donnèrent leur accord pour le mariage. Entre le Mali et le Burkina, la vie pouvait-elle enfin se montrer clémente ? Mon père avait l'intention de voyager dans de nombreux pays d'Afrique pour mieux connaître ce continent. Mais le sort familial en a décidé autrement. C'est la vieille Europe qu'il allait découvrir. C'est lui qui a été désigné pour aller gagner l'argent de la famille en France. Les frères ou demi-frères ne manquaient pas. Mais le chef du clan avait décidé. Il n'y avait rien à redire. Le cœur serré, il prépara son baluchon pour entamer la grande traversée vers le nord, sans rien ajouter. Question d'honneur.

Chapitre 3

Petit voyou des cités

«On peut sortir un lion de sa savane mais pas la savane de son cœur.» Mon père a laissé son cœur en Afrique. Ce que j'ai longtemps ignoré, c'est qu'il m'avait aussi collé au cœur un bout de cette terre d'Afrique. Une fois traversées la violence et la bêtise, j'ai senti l'appel impérieux de l'Afrique. Mes racines dépassaient les limites de la banlieue parisienne. Mon sang ne saurait mentir : il me faudrait un jour remonter à la source africaine de ma vie.

Mais cette idée saugrenue ne m'est venue que bien plus tard. Mes parents, malgré tout ce qu'ils portaient en eux, faisaient tout pour nous couper des origines. Entre eux, ils utilisaient le bambara, mais ils ne s'adressaient jamais à nous dans cette langue pourtant maternelle. Ils voulaient nous donner toutes nos chances de nous insérer dans la société française, avec l'espoir de nous permettre un plus bel envol. Mais ce n'était pas en me coupant les ailes que je pouvais apprendre à voler…

Alors que se profile l'entrée au collège, mes parents achètent un petit pavillon, plus adapté à notre nombreuse famille. J'ai tout juste 10 ans quand nous emménageons en Seine-et-Marne, dans un quartier pavillonnaire. « Mon pain sera aussi bon là-bas qu'à Paris », annonce mon père. Moi, j'ai perdu tous mes amis, mais heureusement je m'entendais bien avec mes frères et sœurs. Il y avait dans la résidence des familles semblables à la nôtre. Nous allions ensemble au collège, non sans faire un détour par les grands ensembles tout proches. Finis les beaux quartiers parisiens explorés avec espièglerie : nous changions de terrain de jeu. Et c'était une autre ambiance.

Certes, dès l'enfance, j'avais montré un sérieux penchant pour la bagarre. À l'école primaire, c'était ma manière d'exister, de me distinguer : je voulais faire le dur, faire peur aux autres… Et je ne supportais pas la concurrence. Je me souviens de Benoît, un garçon plutôt sympa, qui faisait du judo. Il n'allait quand même pas croire qu'il m'impressionnait ? Devant les copains, il fallait forcément que je me mesure à lui : on allait voir s'il était aussi fort qu'il le prétendait !

Ce rapport de force agrégeait autour de moi des gars pas toujours recommandables… Et l'arrivée au collège n'allait rien arranger. Bien sûr, très vite je me suis choisi une petite copine. Mais elle était avec quelqu'un d'autre avant de me connaître : jalousie rétrospective et stupide, il me fallait le corriger ! Nous prenions le même bus pour nous rendre au collège : un jour, je l'ai attendu à la descente du car. Et sans rien dire mais avec une force rageuse, je lui ai assené dix coups de boule à la suite, ma spécialité. Violence aveugle… Le pauvre n'a pas compris ce qui lui arrivait. Et le chauffeur de bus, assistant à la scène, hurlait, impuissant : « Mais c'est un sauvage ! Il est fou ! Arrêtez-le ! » Loin de s'y frotter, les collégiens hébétés ne retenaient qu'une chose : « Oh putain ! Attention, Ladji, il a pas peur ! »

Ma réputation était faite. Non seulement, je m'imposais comme un dur, mais je m'y complaisais. Quand je cognais, je sentais m'envahir une jubilation noire. Ça me faisait vibrer… Autant dire que tout poussait à ce que je m'enferme dans cette attitude.

Mon prof de sport a essayé de m'en sortir. Non seulement j'aimais le sport, mais j'avais un certain respect pour lui : il savait s'y prendre, il aimait les jeunes. Un jour, sur le terrain, un gars d'origine antillaise refusait de me faire la passe, prétextant que je n'étais pas le centre du monde. Je l'ai attendu dans les vestiaires pour lui régler son compte. Devant tous les mecs, je lui ai flanqué une série de gifles sur la joue, le crâne, la tête. Il allait apprendre à se taire ! À un moment, le type s'est mis à pleurer d'humiliation et d'impuissance… Apprenant ce qui s'était passé, le prof est venu me parler : « Ladji, tu m'as déçu : c'est nul ce que t'as fait… » Je n'ai pas saisi la balle au bond. J'étais sans doute déjà trop enfoncé dans ma violence, je n'ai pas voulu entendre, je n'étais pas prêt à l'écouter. Ses paroles ont glissé sur moi comme l'eau sur les plumes d'un canard. J'ai rayé ce prof de mon paysage, je ne voulais plus en entendre parler…

Le principal du collège a tenté, à son tour, de me raisonner. Peine perdue, on s'en doute. Il avait pourtant trouvé une manière intelligente de m'approcher. Je portais une bague dont j'ignorais alors la signification et dont je ne me rappelle même plus l'origine. Sur cet anneau bien pratique pour frapper plus fort, il y avait une sorte de croix, fermée en boucle sur le haut.

- Tu sais ce que c'est ?, me lance-t-il en me prenant à témoin.

Face à mon silence buté, il aurait pu marquer des points :

- C'est la croix de la sagesse, résuma-t-il pour décrire l'ânkh, cette clé de vie égyptienne, qui n'a rien à voir avec la croix chrétienne, ce qui, pour un adolescent musulman, n'aurait pas eu beaucoup de sens.

J'avoue une fois encore que j'ai été bien bête… Je n'ai pas saisi l'occasion.

À la bagarre suivante, il m'a renvoyé plusieurs jours de l'établissement. Mes parents, convoqués, se désolaient, mais n'avaient aucune prise. Ils tentaient de me raisonner, m'expliquaient quel sacrifice représentait pour eux le fait que nous allions à l'école, et racontaient aussi que la vie était bien plus dure au pays, en Afrique. « Vous n'avez pas le droit de passer à côté de votre chance », insistait ma mère, menaçant de nous renvoyer au Mali. Mais l'argument ne portait pas… Caïd j'étais. Voyou, j'allais devenir si je continuais comme ça, encouragé par les jeunes du collège et de la cité.

Le drame, c'est que rien ne m'arrêtait. Un soir, l'entraineur de basket m'apostrophe et me demande de rectifier mon jeu. Je déteste être repris en public. Une deuxième fois, il m'arrête : c'est mon image qu'il écorne, il prend des risques ! À la troisième remarque, je laisse tomber le ballon, et je fonce vers lui. Je lui mets un coup de boule, deux, trois… Je frappe, je frappe de tout mon corps. Je ne maîtrise plus cette violence qui jaillit dans un flot continu. Les joueurs de l'équipe s'affolent, essaient de me raisonner, finissent pas s'interposer : impossible de me calmer ! Et ce n'était pas du cinéma : je l'ai littéralement explosé, réduit en miettes. Il ne parvenait même plus à réagir, à se protéger. J'allais l'achever : j'aurais pu le tuer… J'ai été immédiatement renvoyé du club. Une semaine plus tard, j'ai croisé l'entraîneur dans la rue. Il n'était pas beau à voir. Moi, je ne me sentais pas bien… Mais j'ai bombé le torse, je suis passé sans un regard.

Je n'étais vraiment pas très fréquentable. À chaque accrochage, je me vantais de mes exploits. Avant même de devenir conteur, je me délectais à raconter mes faits de violence… Quelqu'un qui me regardait de travers ? Je fonçais tête baissée pour lui donner un coup de boule. Une remarque anodine qui ne donnait pas a priori prétexte à réagir ? Je cognais… Et mes camarades impressionnés me poussaient à la faute : « T'as eu raison, mec, de ne pas te laisser marcher sur les pieds. Non, franchement, t'assures ! »

Cette violence est purement gratuite : elle n'a aucun sens, et elle ne rend pas heureux. Mais c'est la surenchère qu'impose la loi de la jungle. Il faut se battre pour exister, puis se battre encore pour garder son rang, pour entretenir sa réputation. Une grande gueule, un coup de poing : pour qu'on te respecte, il faut saisir toutes les occasions. Et il n'en manquait pas dans notre univers. Fans de rap, nous ne supportions pas les adeptes du hard rock : dès qu'un « hardos » passait dans le coin, cheveux longs, veste noire, nous foncions sur lui pour le défoncer.

Il n'y a guère que l'univers de la drogue que j'ai pu éviter. Je ne sais pas ce qui a pu me protéger des drogues et du trafic qui régnait dans notre milieu... Je connaissais le business, je voyais bien comment ça marchait, mais je ne suis pas tombé dans cette dépendance. Ma drogue, c'était la violence. Mon trip à moi, c'était cette fureur sauvage, qui me bouffait de l'intérieur et explosait à chaque occasion.

Chapitre 4

La violence du monde

Voici une histoire que j'ai entendue de la bouche de conteurs lors d'une de mes tournées dans un festival : « Au commencement de l'humanité vivait un couple, le premier couple paraît-il. Ils habitaient une petite maison toute simple en plein cœur d'une forêt. Elle, était une femme belle et dévouée. Elle passait le plus clair de son temps aux tâches ménagères pour réserver le meilleur accueil à son mari quand il rentrait de ses longues excursions. Lui, était une force de la nature pouvant abattre quantité d'arbres en peu de temps. De plus, il se trouvait être un chasseur hors pair et ramenait toujours du gibier après une journée de dur labeur.

Seulement, à chaque fois qu'il rentrait chez lui le soir, à peine avait-il franchi le seuil de la maison qu'il balançait son gibier au sol, remontait ses manches, se dirigeait d'un pas lourd vers sa femme et se mettait à la battre. Les coups s'enchaînaient sans interruption jusqu'à ce qu'il soit fatigué. Alors il s'arrêtait et il y a fort à parier qu'il lui répétait chaque soir cette même phrase : « Si moi je ne sais pas pourquoi je te frappe, toi tu dois le savoir ».

Ce rituel avait lieu tous les jours. Un soir, la femme sentit la vie germer en elle. Elle fut remplie d'une joie incommensurable mais qui fut aussitôt balayée par un sentiment de frayeur : « Et si mon mari rentre ce soir et qu'il me bat, je perdrai notre enfant ! » Dans ce genre de situation, la peur nous fait vite trouver des solutions pour nous sortir des impasses. Mais là, rien ne venait à son esprit. Et bientôt, il était trop tard car elle l'entendait déjà au seuil de la porte. Comme d'habitude, il jeta son gibier à terre ; comme d'habitude, il remonta ses manches ; comme d'habitude, il se dirigea d'un pas lourd vers elle, leva son bras et, juste avant qu'il ne l'abatte violement sur le corps de sa femme, elle lui dit : « Attends, attends ! Il faut que je te dise quelque chose, j'ai une histoire à te raconter, laisse-moi te la dire et quand j'aurai fini, tu pourras me battre. » Surpris de cette réaction, l'homme accepta le marché. Il s'assit un instant mais son corps restait tendu et impatient de se défouler sur elle. La femme commença maladroitement à lui raconter une histoire. Plus elle pensait à la vie qui germait en elle, plus elle prenait courage et confiance. Et les mots, les images coulaient de sa bouche comme un fleuve. L'homme sentit peu à peu ses forces l'abandonner et il se mit à l'écouter. La femme, qui remarquait le pouvoir de la parole sur son mari, ne s'arrêta pas de parler et de raconter son histoire jusqu'au petit matin.

Les premiers rayons du soleil transpercèrent la fenêtre de la maison, l'homme se leva d'un bond, pris sa hache et s'en alla dans la forêt pour une grosse journée de travail. La femme fut remplie de joie et de soulagement. Ainsi le premier conte était né, la vie fut préservée. Le soir même, elle recommença et, comme par magie, il l'écouta jusqu'au petit matin. Il en fut ainsi toutes les nuits. Au bout de neuf mois, quand l'homme franchit le seuil de sa porte, il découvrit un nouvel être sur la poitrine de sa femme. Il en fut si émerveillé que prenant son fils pour la première fois dans ses bras, sa violence se tut définitivement pour laisser place à l'amour. Depuis ce jour, on dit que l'amour a le don de transformer les cœurs.

Le sourire des anges

Puisque j'en ai pris des coups des claques
Dans le monde des vices où beaucoup vaquent
Prenant pour argent comptant
Des illusions qui ne durent qu'un temps
Elles viennent en secret puis t'entraînent
Dans les précipices de la géhenne

Où en serait ma vie ?
Quelle serait mon histoire ?
Quel chemin aurais-je pris ?
Aurais-je trouvé tant d'espoir ?
Les anges m'auraient-ils souri ?
M'auraient-ils bercé comme chaque soir ?
La lune serait-elle si jolie ?
Si un jour tu n'étais pas venu me voir, me voir, me voir…

Extrait de l'album *Fils de lumière.*

Chapitre 5

Des vacances imprévues

Comment expliquer que cette brutalité qui m'envahissait bouffait tous mes rêves ? J'étais bagarreur, en constant échec scolaire, incapable de réfléchir. Trop préoccupé de mon image de mauvais garçon. Quel avenir pour un jeune comme moi ? Le petit caïd deviendrait grand : j'admirais ces vrais voyous qui dominaient la cité. Je ne les fréquentais pas, mais j'imaginais bien que je finirais comme eux, vivant d'expédients et terrorisant tout un quartier.

En fait, je ne me posais pas trop la question de mon avenir : mes potes, les copains autour de moi, étaient suffisamment nombreux pour que je ne réfléchisse pas. Il y avait le basket, des discussions sans fin… Nous nous amusions beaucoup de trois fois rien. Je jouais au foot avec mon grand frère Madou, nous étions solidaires, dans les activités comme face aux difficultés familiales.

Bien plus tard, j'ai compris que ma violence s'enracinait dans les douleurs d'enfance. Au milieu d'une famille nombreuse, il est difficile d'exister pour soi-même. Nous étions « les enfants », et sans doute ai-je voulu me distinguer. J'aurais pu retourner ce mal-être contre moi ; je m'en suis pris aux autres. Le moyen le plus sûr d'exister, je l'ai trouvé dans cette agressivité fanfaronne, cette violence bête et adolescente. Mais qui aurait pu mal tourner.

Mes parents ont eu quelques difficultés à élever leur tribu et la sévérité maternelle m'a profondément marqué. Chacun, dans la fratrie, a pris le chemin qu'il pouvait. Mon grand frère a résisté aux dérives. Un plus jeune a versé pendant quelques temps dans les « affaires » un peu louches de la cité. D'autres frères et sœurs se sont trouvés fragilisés, manquant d'assurance parfois. Ma violence était un appel, un cri : j'avais besoin d'être aimé !

La violence est souvent l'expression du non-amour. Il n'est pas facile, pour des parents, d'exprimer leur affection : aujourd'hui, avec mes deux garçons, j'essaie de leur dire tout mon amour. Celui dont j'ai manqué, parce que les mots n'existaient pas chez nous, parce que le temps ne le permettait pas, parce que nos caractères rudes ne pouvaient se plier à cet élan du cœur familial. Et parce que les coups de manche à balai et de rallonge électrique que j'ai pu recevoir m'ont durci la cuirasse un peu trop tôt…

C'est dans ce climat familial que vont s'enchaîner les évènements décisifs de mon existence. Mes parents avaient l'habitude d'aller acheter le lait dans une ferme pas très éloignée de notre maison. Ce jour-là, il faisait beau, nous étions dehors, jouant avec les gosses et les jeunes du quartier. Ensemble, nous avons ri des ambulances et voitures de police qui passaient, toutes sirènes hurlantes : «Dis donc, il a dû y avoir un carton !»

Que les parents s'attardent chez le fermier n'était pas trop surprenant. Mais leur absence a fini par nous inquiéter. Nous n'avions plus le cœur à jouer au foot. Je suis rentré à la maison avec les frères et sœurs, et c'est l'aîné qui décrocha quand le téléphone se mit à sonner.

Nous avons d'abord cru à une blague : un policier nous disait que les parents avaient eu un grave accident de la circulation, qu'ils étaient dans un état sérieux et qu'il ne pouvait rien dire de plus. J'ai entendu intérieurement les sirènes, je me suis souvenu du ballet des ambulances… Et la colère est montée en moi. Je me suis mis à taper les murs, à renverser les chaises, à hurler. Je débordais d'angoisse et de violence une fois encore, sans savoir si mes parents étaient vivants ou morts.

Il a fallu attendre le lendemain pour avoir des nouvelles. Et la confirmation qu'il y avait un mort dans l'accident : le policier en état d'ébriété qui avait percuté la voiture de mes parents. Sa voiture s'était retournée et il avait perdu la vie dans la collision. Les pompiers ont eu du mal à extraire mes parents de leur véhicule réduit à un amas de tôle, qu'il a fallu littéralement découper. Dans l'ambulance, l'urgentiste parlait des derniers résultats de foot avec mon père pour qu'il ne perde pas conscience. Ma mère, grièvement touchée, a été immédiatement opérée, dès son arrivée à l'hôpital.

C’est seulement après quarante-huit heures que j’ai pu enfin leur rendre visite. Quel choc ! Retrouver mes parents perfusés, bardés de tuyaux, m’a bouleversé. J’arrivais, tout heureux de les savoir en vie. En entrant dans leurs chambres respectives, leur état m’est sauté à la figure. Ma mère était en réanimation. Mon père, moins gravement atteint, était plus impressionnant, avec la peau abîmée, le visage tuméfié et coupé par endroits par les bouts de verre, avec plusieurs plâtres en raison des multiples fractures… Jusqu’alors, adolescent buté, je me refusais toute émotion. A leur chevet, j’ai craqué. J’ai senti une vague incroyablement forte qui me prenait le cœur. Je me suis mis à pleurer.

À 16 ans, le petit caïd de la cité n’en revenait pas : il fondait en larmes. « Ce n’est pas parce que le poisson est dans l’eau qu’il ne pleure pas », dit un proverbe africain. Impression étrange d’un changement, brutal et pourtant évident. Je pleurais, et en même temps la rage m’habitait encore. Les parents sont restés hospitalisés longtemps, et la vie reprenait ses droits. Mais je ne supportais pas les rires et les jeux de mes frères et sœurs. Nous étions aidés par les voisins, qui faisaient les courses, préparaient de temps à autre un repas, nous invitaient. Je restais le plus souvent dans ma chambre, à ruminer ma révolte. Il fallait en sortir, mais comment ?

Je n’ai pas trouvé la réponse tout seul. Elle m’a été offerte par un formidable concours de circonstances. Le voisin de chambre de mon père lui a conseillé, pour qu’il se repose à la sortie de l'hôpital, de nous envoyer en colonie de vacances. Ce père de famille portugais laissait partir ses enfants chaque année dans les Pyrénées, à Julos, où un prêtre organisait des séjours. Remis sur pied, mon père a fait la connaissance du Père Joseph Besnier… La partie n'était pas gagnée : nous n'avions pas beaucoup d'argent. Et pourquoi un prêtre catholique s'encombrerait-il d'une fratrie d'enfants musulmans ? Il est direct le Père Joseph, et le courant est passé, immédiatement. Hommes de la terre tous deux, partageant le bon sens paysan même au cœur des cités, mon père et lui se sont vite entendus, échangeant des blagues avant même la fin de la première entrevue.

Il faut dire toute la bonté du Père Joseph : son regard chaleureux met en confiance. Il émane de lui une autorité naturelle, une bienveillance qui touche toutes les générations. Et j'allais découvrir chez lui une qualité d'écoute étonnante. Mon père s'est senti accueilli, touché par cet homme à l'emploi du temps surchargé, qui a su s'arrêter, l'écouter, et répondre à ses soucis.

C'est donc décidé : cinq de mes frères et sœurs et moi, nous partons en colonie. Je n'imaginais pas le moins du monde ce qui m'attendait, mais la perspective de partir, loin, de découvrir la montagne, m'a immédiatement enthousiasmé. Après le long voyage dans le bus qui a roulé toute la nuit, nous sommes arrivés dans la vallée. Mais l'autobus ne pouvait arriver jusqu'au centre de vacances : un passage trop étroit dans le village nous a contraint à finir le chemin à pied. Il faut se représenter cette bande d'adolescents, pour la plupart issus des banlieues bétonnées, sillonner les ruelles étroites et paisibles, entre les maisons de pierre. Chargés de sacs à dos et d'un barda inimaginable, nous mettons de l'ambiance. Mais les habitants sont habitués : le Père Joseph a créé le centre depuis plusieurs années, et chaque été débarquent de joyeuses colonies.

Bien sûr je déconne, je blague, je fanfaronne au milieu du groupe. Mais je suis aussi scotché par le paysage. C'est pour moi un autre monde. Nous arrivons alors que le soleil se lève tout juste, irisant la chaîne montagneuse. Quelle splendeur ! La vue m'impressionne. Je ne sais pas l'exprimer sur le moment, et je m'en rends à peine compte, mais la nature me saisit. Il faut que j'engrange toutes ces impressions : ce sont mes premières vacances, et moi aussi, le jour de la rentrée scolaire, je vais pouvoir raconter : « Je suis allé dans les Pyrénées... »

Chapitre 6

Un monde à l'envers

Le centre de vacances est à flanc de montagne, avec vue – quand le temps est dégagé – sur le Pic du Midi enneigé. Plus bas, vallons et vallées sont habités de troupeaux et d'herbes folles. Bien sûr, la Seine-et-Marne n'est pas dépourvue de coins de forêts et de pâtures, mais j'entre ici dans l'espace infini de la nature. Je suis troublé par la beauté.

Au départ, je n'avais pas bien perçu que c'était une «colo catho»... Je ne connaissais strictement rien à la religion chrétienne, et me voilà pendant plusieurs semaines sous l'autorité d'un prêtre, avec une chapelle à la porte du centre, qui lui-même se trouve à quelques kilomètres à peine du Sanctuaire de Lourdes ! Pour un jeune musulman ado des cités, on ne pouvait pas mieux faire.

Le séjour ne fait que commencer. Le naturel revient au galop : je fais ce qu'il faut pour me faire remarquer, sans pour autant me montrer violent. Il est vrai que le franc-parler du Père Joseph ne pousse pas à la provoc', mais plutôt au respect. Comment dire sa bienveillance pour les six petits blacks dont il s'était embarrassé ? Sa modestie dût-elle en souffrir, je ne tarirai pas d'éloges sur le Père Joseph : il n'a pas seulement accepté de nous embarquer, il nous a aimés, comme il aime tous les jeunes qui lui sont confiés.

Nous voilà au milieu des autres jeunes, issus de bonnes familles catholiques : le père nous fait rire, il confie à chacun des responsabilités. Avec lui, j'ai envie d'aller plus loin, faire quelque chose de ma vie. Il ne cherche pas à convaincre, encore moins à convertir : les mots simples qu'il pouvait dire me labouraient le cœur. Je trouve en lui un repère solide… Mais pas question de l'avouer !

Le Père Joseph respectait notre appartenance religieuse, c'était gravé dans l'accord passé avec notre père. Mais de loin, je ne pouvais m'empêcher d'entendre les jeunes catholiques qui se retrouvaient à la chapelle. J'étais frappé par leurs chants. Ils étaient encore joyeux en sortant, ils avaient l'air heureux de croire. Si je respectais la foi profonde de mes parents, je n'avais jamais été très attiré par la prière qui me semblait une obligation pesante. La foi de mes camarades de colonie ne paraissait pas contraignante. Ils chantaient à tue-tête, c'était simple. Moi qui voyais Dieu comme quelqu'un de lointain, comme une idée abstraite, difficile, je les sentais habités d'une curieuse présence.

Au début de notre séjour, ceux qui le souhaitaient pouvaient descendre à Lourdes pour brancarder les malades. Les plus cathos de la colo y participaient et rentraient avec une énergie qui m'intriguait. Sans avoir la moindre idée de ce qu'ils faisaient tout au long de la journée, j'ai demandé au Père Joseph d'en être, bientôt suivi par mes frères et sœurs. Ce qui a dû lui poser un cas de conscience… mais il accepta de m'intégrer à un groupe d'hospitaliers juniors.

Comment ne pas être bouleversé par la découverte du handicap ? Côtoyer ces corps malades, abîmés, cabossés m'a tout d'abord déstabilisé. Nous, les jeunes, nous descendions de la montagne, rigolards et pétants de forme. J'allais passer mes journées avec des personnes désarticulées aux gestes incontrôlés. Et je me trouvais face aux corps blessés qui me rappelaient les corps de mes parents accidentés, et aussi les corps de ceux que je frappais et malmenais dans la bagarre. Moi qui « démontais » les autres si facilement, je ne faisais plus le malin. Je ne savais plus où me mettre ni quoi faire. Ce sont eux, les blessés de la vie, qui sont venus vers moi. Pas physiquement, bien sûr. Mais ils ont su créer la relation : « Tu viens d'où ? Tu t'appelles comment, toi ? »

J'ai rencontré Damien. Il n'arrive pas à prononcer mon prénom. Qu'importe : il m'appelle Azi. Trisomique, il n'arrêtait pas de me parler. « Azi, c'est super ! Azi, ze t'aime ! ». Timidement, je lui répondais : « Oui… Moi aussi, je t'aime bien, Damien… » Il était presque aussi grand que moi, il me prenait dans les bras. Et ce n'est pas plus compliqué.

Dans le Sanctuaire, j'ai appris à me laisser faire, à me laisser toucher, à lâcher prise. Qu'aurais-je fait de ma force face à Damien ? Que valait un coup de boule dans cette relation de confiance évidente ? Alain était cloué sur son brancard par une sclérose en plaques. Dès qu'il m'aperçoit, il tend lentement sa main vers moi pour que je lui fasse un « check ». Je suis ébranlé par sa capacité à entrer en contact : il a tout de suite trouvé comment m'aborder. Mais moi, je suis bloqué. Il avait du mal à s'exprimer, devait mobiliser beaucoup d'énergie pour prononcer une simple phrase qu'il murmurait dans un souffle. Je ne savais pas comment m'y prendre.

À ses côtés, il y avait Martine. Elle était si à l'aise avec lui ; moi, j'étais embarrassé. Martine qui travaille à la fondation OCH (Office chrétien des personnes handicapées), que je rencontre pour la première fois… Et qui deviendra, beaucoup plus tard, ma femme. Mais n'allons pas trop vite. J'ai fini par apprivoiser Alain, à moins que ce soit lui qui, comme le renard du Petit Prince, m'ait appris à aller vers l'autre. Je sais maintenant ; je me penche vers lui, mets mon oreille près de ses lèvres. Et souvent, il lance une connerie qui me fait éclater de rire… Je découvre ce monde du handicap, ce monde à l'envers qui remet le cœur à l'endroit. Moi, valide et gaillard, vif sur mes deux jambes, j'apprends de ces personnes brisées, qui ont parfois l'expérience de la mort toute proche, et qui sont contagieux de vie.

Ces premiers jours de service à Lourdes sont bouleversants et joyeux. Avec les autres jeunes, nous faisons la course sur l'esplanade, vers l'église Sainte-Bernadette, chacun poussant son petit vieux, sa petite vieille, dans le fauteuil roulant et dans des éclats de rire partagés. Les malades nous encourageaient, s'amusaient autant que nous.

Je ne peux pas m'empêcher de penser maintenant à la rencontre de Marie et Bernadette. La petite bergère raconte : « Elle me regardait comme une personne regarde une autre personne. » C'est ce que j'ai vécu en plein cœur. C'est à Lourdes que j'ai découvert que l'autre a une richesse insoupçonnée en lui, que chaque personne est intéressante, et que nous avons besoin les uns des autres. Au-delà des apparences du corps, il y a un trésor.

Chapitre 7
« Laisse-toi aimer ! »

Ces journées passées avec les personnes malades ou handicapées à Lourdes se conjuguaient avec le temps passé à la colo. Confusément, je sentais quelque chose qui bougeait en moi. Avec les potes de ma bande, nous nous moquions de ceux qui étaient dans la rue : les gros, les maigres, les petits… Tous y passaient, montrés du doigt dans de gros éclats de rire, bêtes et méchants. Avec les gars de la banlieue, je me serais moqué de tout le monde : les jeunes cathos, les malades, les handicapés. Déraciné de cette violence durant ce séjour, moi, le gamin pénible, l'ado turbulent, le jeune agressif, l'enfant réprimandé, j'étais regardé comme une personne particulière, unique. Ce regard me mettait en contact avec ce que j'étais, avec ce que je suis vraiment. L'autre devenait aimable, respectable ; et moi-même, je n'étais peut-être pas si nul…

Au fil des jours, j'ai envie de comprendre ce qui se passe. Je laisse ma violence au placard, je profite de ces vacances… Plus encore, j'essaie de comprendre pourquoi je me sens bien. C'est doux, et en même temps, je suis tracassé : je ne me reconnais plus ! Que se passe-t-il ? Je me ramollis, je deviens gentil ! Même mon sommeil en est perturbé. Nous dormons dans des chambres reparties dans deux longs bâtiments de plain pied, parallèles et à flanc de montagne. Je suis logé dans les chambres du bas. Accoudé à la barrière, je prends l'air du soir. La nuit est calme. À l'étage au-dessus, je repère alors de curieuses allées et venues : un jeune sort discrètement de sa piaule, se rend à la chapelle, en pleine nuit. Quelques minutes plus tard, il retourne se coucher, mais il est bientôt relayé par une fille, sortie d'une chambre un peu plus loin, qui se comporte de la même manière. Le manège se répète à plusieurs reprises. « Chelou ! » Qu'ils se retrouvent tous à la chapelle de temps à autre, je l'avais bien compris, mais de nuit, l'un après l'autre, sans bruit… Que se passait-il ?

La nuit suivante, je ne dormais toujours pas. Cette fois-ci, intrigué par ce que j'avais pu surprendre la veille, je voulais en savoir un peu plus. Je n'avais pas rêvé : les jeunes cathos continuaient le même cirque. Après tout… Si ça leur plaît de passer la nuit à la chapelle !

Je pensais m'en tirer comme ça : il fallait que j'aille voir d'un peu plus près. Une nuit, je me décide donc, enfile mes chaussures et gravis les quelques marches qui mènent à l'entrée de la chapelle. J'entre discrètement et referme la lourde porte de bois derrière moi. Il n'y a personne. Quelques bougies sont allumées, une table est placée au milieu, au fond de la chapelle, avec une grande croix. Le lieu est calme. Toute en longueur, la chapelle à la charpente de bois est occupée par des bancs, pas tout à fait alignés. Seul dans cet espace tranquille, je regarde un peu partout, surpris par ces tableaux que je saurai nommer plus tard, des icônes. J'avance dans l'allée centrale, je cherche ce que les copains peuvent venir faire ici, en pleine nuit. Je me souviens être entré dans une église, il y a bien longtemps. J'y ai vu des gens assis, légèrement penchés en avant, comme recroquevillés sur eux-mêmes. J'ai cru comprendre que les chrétiens prient ainsi, sans bouger, alors que nous, les musulmans, enchaînons les mouvements de prière et d'inclination.

Je m'assieds sur un banc. Et j'attends, sans bouger. J'attends. Les minutes passent. C'est alors que je me sens profondément apaisé. Une chaleur m'envahit. Une boule se forme dans ma poitrine, monte et mes larmes se mettent à couler. Doucement, sans bruit. Je ne suis plus qu'une masse de paix.

Comme un torrent coule en moi. Quelque chose en moi murmure : « Ladji, laisse-toi faire, laisse-toi aimer ! » Ce murmure se prolonge, me parle au cœur : « D'accord, tu as fait du mal, mais tu es un être aimable, tu es capable d'être aimé ! Moi, je veux te faire découvrir qui tu es, ta richesse, ta beauté. »

Une paix extraordinaire m'enveloppait. Je suis resté de longues minutes prostré, dans cette sensation de bien-être, comme suspendu hors du temps. Puis, à nouveau, les larmes sont montées, un flot ininterrompu qui était pour moi le signe d'une délivrance. Quelque chose lâchait en moi. Le barrage avait cédé et l'eau déblayait tout sur son passage.

C'est difficile de livrer une telle conversion : je n'ai rien fait pour mériter un tel retournement. Mais quelle joie ! Je suis sorti de la chapelle, léger et heureux. Un peu bizarre aussi, sans doute. Dans ma chambre, j'ai pris le nouveau testament : il y en avait un dans chaque logement. Je l'avais déjà feuilleté, mais sans le lire vraiment. Je découvre alors l'histoire de Jésus. La chaleur qui m'avait saisi dans la chapelle me reprend. Les paroles du Christ me consument d'une brûlure intérieure qui ne faiblit pas. C'est une histoire vivante, actuelle. Par moments, j'ai l'impression que c'est un peu mon histoire. « Jésus posa son regard sur lui et l'aima » : comment ne pas me sentir visé ? C'est à moi, cette nuit-là, que ce livre s'adressait !

Je trouve les mots aujourd'hui pour dire cette rencontre. Mais en ces heures gravées à jamais, je pressens seulement combien le bon Dieu des chrétiens m'aime, me pardonne mes conneries, me donne son amour, par-dessus les murs que j'ai pu mettre entre lui et moi. Dieu n'est pas une idée, Dieu n'est pas abstrait : cette nuit-là, j'ai rencontré une masse de paix et d'amour qui voulait entrer en relation avec moi.

Je n'ai pas dormi de la nuit. Quand j'écris ces lignes, je peine encore à mesurer l'immense cadeau qui m'a été fait dans cette petite chapelle accrochée à la montagne. Depuis ce jour, je sais que je veux suivre Jésus. Mais le chemin n'a pas été simple…

Le dernier mot

J'aurais jamais imaginé qu'en ce monde ici-bas,
autre chose d'autre puisse exister...
Et un jour, cet autre chose se manifeste à toi
Tu ne le vois pas, tu ne l'entends pas,
juste au fond de toi, il est là
L'univers visible et invisible se rejoignent en ce lieu
Une puissance de paix et d'amour te brûle comme un feu
Ton cœur bat, tu fermes les yeux
Tu es pénétré par un torrent de vie, pour la première fois
tu pleures, t'es compris
Tu te sens bien, c'est doux,
c'est bon d'être en cette présence
Jamais tu n'avais fait cette expérience, quelle chance !
Cet autre chose qui vient de si loin et de si près
Fait que tu sais maintenant d'où tu viens
Ta vie prend sens, tu comprends que tu es précieux
Ta vie vaut bien plus que de l'or, tu es un être merveilleux
Tu pleures à nouveau, la mort n'aura plus le dernier mot
Tu te redresses en écrasant la tête du serpent
A présent tu ne seras plus un ennemi pour toi-même,
ni pour les autres
Puisque ta vie est sacrée.

Extrait de l'album *Fils de lumière.*

Chapitre 8

« Je veux suivre Jésus ! »

Aux premières lueurs du jour, je me dis que j'ai rêvé. Il faut que je me calme, que je reprenne mes esprits. Et surtout, que je ne dise pas un mot de cette nuit de feu. Mais il brûle encore… Je ne peux pas l'ignorer. Mais qui peut entendre pareil délire ? Le Père Joseph, mon seul repère, celui dont la parole compte pour moi. Pourra-t-il me croire ? Il ne peut que se réjouir !

« Je veux suivre Jésus ». Je lui ai dit cash. Sans autre explication, laissant de côté l'histoire de la chapelle, les larmes, l'évangile… Je sens son regard sur moi. Après un moment, il se met à parler : « Schouei, schouei ! » Ce qui signifie, en arabe « du calme ! » Longtemps responsable des pèlerinages pour son diocèse, le Père Joseph s'est rendu de nombreuses fois en Israël mais aussi en Palestine, en Syrie, en Jordanie… Pas si vite : il a pris au sérieux ce que je lui disais. Mais m'a demandé de réfléchir, et de revenir lui en parler la semaine suivante : « On n'est pas pressé ».

Comment aurait-il pu réagir différemment ? Jamais il n'avait avancé la moindre idée de conversion. Et jamais mon père ne lui aurait confié ses enfants s'il avait senti que les vacances pouvaient nous conduire à la religion chrétienne. Mais une semaine plus tard, n'ayant cessé de lire les évangiles, je revenais vers lui, plus déterminé que jamais : « Je veux suivre Jésus ».

J'avais trouvé la source où coule l'amour : plus question de retourner dans le désert de ma violence, de mes blessures. Je racontais alors au Père Joseph la nuit de la chapelle et ce feu qui m'avait saisi, me brûlait encore, et qui éclairait ma vie d'un jour nouveau. J'avais trouvé la paix, je ne voulais plus la lâcher ! Il a vite compris que j'avais vécu un véritable bouleversement intérieur. Ma détermination sereine l'impressionnait et l'amusait tout à la fois. Et puis, le chemin était long pour devenir chrétien… C'était la première fois qu'il était confronté à pareille demande. Il m'a parlé du baptême, décrit ce qui m'attendait : le temps de catéchuménat, l'accompagnement dans une paroisse, les différentes étapes :

- Ça ne sera certainement pas facile, me prévient-il.

- Ça m'est égal ! répliquais-je, encore inconscient du retentissement familial de ma décision.

Je savais qu'il n'allait pas m'abandonner. Des mois, des années sont nécessaires pour se préparer au baptême, et j'allais naturellement passer par des hauts et des bas, même si le souvenir de la chapelle brillait toujours au fond de mon cœur. Il y a, dans la foi chrétienne, une foultitude de choses à découvrir, à comprendre. Le mystère de la

Trinité m'a posé problème ; le baptême était plus accessible, signe du passage de la mort à la vie ; les symboles, la liturgie étaient autant de nouveautés à appréhender. J'ai aussi découvert la longue histoire de l'Église, peuplée de saints et de prophètes. Mais il me fallait vivre cette foi, à travers la messe qui m'attirait. J'ai eu la chance de revenir à Julos l'année suivante : rien de tel pour confronter mon désir de devenir chrétien à la vie collective. Sans compter l'émotion ressentie en revenant dans la chapelle…

Le Père Joseph ne m'a jamais lâché. De retour en région parisienne, je me suis glissé dans le groupe de musique qui animait les messes dominicales. C'est là que j'ai commencé à jouer de la guitare. Entouré des musiciens, je n'étais pas seul, et en même temps se jouait, dans l'eucharistie à laquelle je ne pouvais pas encore accéder, un face-à-face avec ce Dieu qui était venu me chercher dans un coin de montagne. J'ai eu beaucoup de chances – de grâces dit-on dans le langage catho – pendant mon cheminement vers le baptême.

Bien sûr, il a fallu m'arranger avec mes parents… Comment leur expliquer que l'islam qu'ils vivaient intensément n'était pas ma voie ? En même temps, je ne ressentais pas de rupture, ni avec ma famille, ni avec l'islam : j'ai toujours vécu cet héritage comme une richesse qui m'avait été donnée avant que je ne découvre le Christ.

Au retour de colonie, j'ai voulu leur partager tout de suite ce secret qui me consumait le cœur… Je voulais changer de religion, parce que j'avais vécu quelque chose d'extraordinaire avec celui qui devenait mon Dieu, le Dieu des chrétiens. Quelle maladresse ! Tout à la joie de ce qu'il faut bien appeler une conversion, je n'ai pas senti la peine immense que je faisais à mes parents. Les mots se précipitaient, sans retenue, pour dire l'inouï de ma nuit dans la chapelle. Je voyais leur visage atterré, mais il était trop tard ; je ne pouvais plus remonter le temps, ravaler ce que je leur avais envoyé à la figure sans délicatesse. Ils se sont sentis trahis. C'était comme si je les reniais ; je rejetais mes origines. L'islam leur fait l'obligation de transmettre la religion à leurs enfants : je leur signifiais purement et simplement leur échec.

Eux et moi, nous avons su nous taire pendant quelque temps, ne pas attiser le fossé creusé si violemment. « Je veux devenir chrétien » ne signifiait pas pour moi, que j'allais rompre avec les miens, que je récusais mes origines africaines, que je coupais les ponts avec ma famille… Eux-mêmes ont perçu le calme qui m'habitait maintenant, mon agressivité contrôlée, une plus grande capacité à aller vers l'autre… La colonie avait été bénéfique. Et peut-être, aussi, cette histoire de conversion ?

Je n'évoquais pas le chemin de foi que j'entamais discrètement. Rentrant du lycée, je me réfugiais dans ma chambre. Je fermais la porte à clé avant de m'agenouiller, pendant cinq minutes, ressentant le bien-être intérieur qui m'envahissait. Jésus était pour moi Dieu de la paix. Jour après jour, mon cœur changeait. Il ne s'agissait plus seulement d'adhérer à une foi nouvelle, mais je me laissais

« travailler » de l'intérieur. Dieu s'occupait de moi.

Mon chemin d'intimité avec Dieu est passé par cet itinéraire. Je n'ai pas pu en parler très vite à mes parents ; il m'a fallu le temps de les approcher. Je me suis nourri de l'islam parental, qui m'a fait connaître un Dieu infiniment grand, majestueux. La prière de ma mère, sur son tapis, n'a pas moins d'intensité que la mienne. J'ai vu des larmes couler sur son visage, j'en suis témoin. Je sais toute la ferveur de leur prière. Nous nous adressons à Dieu, eux sur leur tapis cinq fois par jour, et moi face à la croix. Je sens qu'au-delà d'une expression différente, c'est le même lien qui nous attache à l'Unique. Et les musulmans ont une grande conscience de ce Dieu Grand. Dans la chapelle, Dieu si majestueux s'est fait tout proche : en moi, j'ai fait l'expérience de l'incarnation. Dieu infini, capable de tout, est capable de se faire petit pour se rapprocher de moi, de chacun de nous, jusqu'à se faire homme en Jésus. Il n'y a pas, pour moi, de contradiction. Mais quel allait être mon chemin ?

« Si tu ne sais pas où tu vas, souviens-toi d'où tu viens », dit un proverbe africain. Petit à petit, je prends conscience de mes propres blessures. Se présenter devant Dieu, c'est faire l'expérience d'un dépouillement : je me suis trouvé confronté à qui j'étais vraiment. Le caïd ne faisait qu'extérioriser son mal-être en s'en prenant aux autres. Quand on s'est interdit tout sentiment pendant des années, il est difficile de laisser percer ses émotions. Je ressens un incroyable besoin de parler tout en restant sur mes gardes. J'ai besoin d'être aimé, mais puis-je faire confiance ? J'ai frappé, j'ai fait mal, j'ai blessé les autres… Comment ai-je pu être aussi cruel ? Il faut bien éclairer ces zones d'ombre qui m'habitent.

Mes copains de banlieue n'ont pas compris comment leur chef de file s'était ramolli pendant les vacances. Je n'avais plus de goût à la bagarre. Ce n'est qu'à Sofiane que j'ai pu vraiment expliquer les raisons de ces changements. Il ne pouvait pas comprendre. S'il ne pratiquait pas vraiment, il ne saisissait pas comment je pouvais quitter l'islam. Mais en même temps, intrigué par mon attitude, il percevait bien que j'étais plus heureux, capable de projets. Ensemble, nous avons commencé à faire du théâtre… Finies nos comédies de tueur dans la cité ! Interpellé, il a par la suite, approfondi l'islam. Et la religion est devenue aujourd'hui un important sujet de dialogue entre nous.

Chapitre 9

Le baptême n'est qu'un début

Au bout de deux années de cheminement, j'étais prêt à recevoir le baptême. Il ne s'agit pas seulement d'en savoir assez sur la foi chrétienne ou encore de confirmer le choix que j'avais fait de suivre Jésus : par le baptême, j'entre dans la famille chrétienne, sans perspective de marche arrière. J'ai vécu ce sacrement comme une étape décisive qui allait marquer toute mon existence.

C'est à Lourdes que j'ai été baptisé, le 7 juillet 1998, devant tous les chrétiens qui participaient au pèlerinage de mon diocèse d'origine. Et si le Père Joseph était naturellement présent, c'est l'évêque de Meaux, Mgr Louis Cornet, qui m'a baptisé dans l'église Sainte-Bernadette. Cela a donné lieu à une discussion animée et amusée entre l'évêque et le Père Joseph, ce dernier soulignant qu'il « avait fait tout le boulot » ! En échange de quoi, Mgr Cornet lui conféra les pleins pouvoirs pour que ce soit lui qui me donne le sacrement de confirmation, ce qui a eu lieu lors d'un pèlerinage de jeunes en Terre sainte : j'ai reçu la plénitude des dons de l'Esprit au Cénacle, à Jérusalem.

Loin d'être un aboutissement, j'ai senti combien le baptême était pour moi le début de l'aventure. Avec la nuit dans la chapelle, ma vie avait été complètement bouleversée : tout feu, tout flamme, je voulais tout savoir de l'évangile, de la vie de l'Eglise. Les deux années écoulées m'avaient apporté beaucoup, mais j'étais loin de tout comprendre. Il me restait encore tant à faire pour devenir vraiment l'ami du Christ !

J'ai reçu de l'islam le sens de la prière. Dès mes débuts de croyant, j'ai éprouvé une soif incroyable de cœur à cœur avec Dieu. Cette respiration de la prière quotidienne est toujours vitale pour moi. Si je ne prends pas ce temps tout simple, il me manque quelque chose, ma journée est bancale, étriquée. Dans la prière, je me connecte à Dieu, et je reçois mon énergie quotidienne.

La prière est mon garde-fou contre la violence. Le « vieil homme » qu'était l'adolescent agressif peut toujours revenir à l'assaut. Je me méfie de moi, non pas parce que je remettrais en cause ma nouvelle vie, mais très concrètement parce que nous sommes tous capables du meilleur comme du pire. Rien ne me sépare – ou si peu – de celui que j'étais précédemment. Je n'oserai pas me prétendre à l'abri de cette bouffée de violence que nous pouvons tous ressentir. Reste à la canaliser, la maîtriser, et c'est une ascèse : le baptême n'a pas d'effet magique, n'est pas une assurance tous risques !

C'est d'ailleurs ce qui est profondément touchant avec notre Dieu : il ne nous garde pas sous cloche, mais nous laisse plongés dans le monde tel qu'il est. Et n'efface pas nos fragilités. Quand je suis victime d'une provocation, je sens en moi monter la réplique : œil pour œil, dent pour dent. Je serais capable d'être bien plus brutal encore ! Je sais la violence dont je suis capable… Agressé, il m'arrive même de visualiser le coup de boule en retour que je pourrais donner à mon interlocuteur : sait-il à qui il parle ? Les réflexes de colère sont profonds, difficilement évitables. En revanche, nous pouvons les juguler, éviter que cette virulence ne s'exprime verbalement, physiquement !

Cette boule aigre peut se transformer. Détournée de toute agressivité, elle devient énergie créatrice, elle peut servir à autre chose que frapper. Plus tard, je découvrirai que la chanson, le conte, les spectacles peuvent se nourrir de cette transformation, de cette hargne mauvaise devenue force d'amour.

Chapitre 10

Coup de théâtre

Secoué par ma première colo et par ma rencontre du Christ, je ne suis pas devenu un lycéen plus brillant qu'avant. J'ai redoublé la classe de Seconde, et durant cette deuxième année s'est dessiné un peu plus précisément mon avenir. En fait, il s'agissait plutôt d'un rêve… Je voulais faire du théâtre, être acteur, comédien : quelle prétention…

Le système d'orientation passe par une demande très formelle dans laquelle l'élève doit exprimer des «vœux». Le terme est joli, très à propos : un vœu n'est pas forcément très concret ni réaliste. Il peut être l'expression d'un désir fou, d'un rêve inaccessible… Mais les vœux d'orientation restent très terre à terre : ils se résument souvent à la description du cursus scolaire envisagé. Ma voisine de classe inscrit pour elle-même : «Premier vœu : Première littéraire».

- Oh, l'intello !

Je la charrie, me moque d'elle, alors elle me réplique :

- Arrête ! Tu n'as qu'à mettre pareil, on sera ensemble.

Ce qui n'était pas pour me déplaire… D'origine tunisienne, elle était brillante et pourtant ne refusait pas ma compagnie.

- Tu n'as qu'à mettre Première littéraire en premier choix, tu n'as rien à perdre !

- Et si ça marche pas ?

- Eh bien, tu auras ton deuxième choix, c'est tout…

Aussitôt dit, aussitôt fait. C'est banal, mais en même temps, cette petite histoire d'orientation est une invitation à l'audace : accrochez-vous à vos rêves ! Car l'inespéré est arrivé : on m'a orienté vers la filière littéraire ! Pour être tout à fait honnête, il faut avouer que mes réponses au questionnaire de culture générale auquel nous avons été soumis le premier jour auraient dû m'être fatales. Au vu de mes résultats, le professeur principal a réuni le conseil de classe pour envisager tout de suite une réorientation plus conforme à mes éventuelles capacités. Mais un miracle n'arrivant jamais seul, j'avais pour professeur de lettres Jean Bardet. Qu'avait-il compris de moi ? Pourquoi s'est-il engagé en ma faveur, contre la majorité des enseignants ? Je n'en sais rien, mais il a défendu mon « profil littéraire » et suggéré qu'on me donne une chance, que le conseil m'accorde un sursis d'un trimestre avant de mettre en œuvre ma réorientation.

Chaque jeudi matin, pendant deux heures, il me faisait travailler. Non seulement cet accompagnement scolaire pouvait être bénéfique, mais quelle surprise pour moi ! Un enseignant acceptait de me consacrer deux heures chaque semaine, gratuitement, sans autre ambition que de m'aider à m'en sortir ! Son geste m'a vraiment touché, et m'a aussi réconcilié avec les profs…

Deux heures durant, il me faisait écrire des histoires. Inventés ou bien habités de mes souvenirs, ces textes étaient comme un entraînement intensif pour coureur de fond. Il relevait les fautes d'orthographe, m'imposait des exercices de grammaire… Mais l'essentiel résidait sans doute dans ce conseil, lancé comme une bouteille à la mer : « Quand tu rentres chez toi, tu prends cinq minutes pour écrire, n'importe quoi, ce qui te passe par la tête ». Je l'ai fait tous les jours, et ce fut un formidable révélateur. Chaque jour, je me suis astreint à écrire, cinq minutes, puis dix, quinze minutes, et bientôt une demi-heure.

Les mots sont libérateurs. Ils aident à explorer les blessures, ils font jaillir les émotions enfouies, ils ouvrent des horizons. La confiance du professeur et l'écriture ont forgé en moi une confiance nouvelle. L'option théâtre ajouta encore à cet épanouissement imprévu. Je n'y connaissais rien : et voici que la manière de poser sa voix, d'incarner un personnage me pénètre. La tradition africaine, l'expression théâtrale, l'oralité, le rythme et la musicalité des mots : tout semblait converger. Je n'ose pas encore imaginer que c'est mon univers : je me laisse toucher, et cela me bouleverse.

Je le sais maintenant, mais ce n'était pas aussi simple au départ : c'était ma voie. Je me retrouvais, pendant l'atelier théâtre, avec les camarades dont j'ai plutôt envie de me moquer. Il fallait suivre les exercices aussi surprenants qu'absurdes en apparence, comme errer, bras ballants, sur la scène, marcher dans l'espace défini en évitant de se bousculer… On imagine facilement que le théâtre, c'est apprendre un texte par cœur et le redire le plus clairement possible. Pour « incarner » un personnage, il y a un sacré travail à mener qui engage le corps tout entier. «Redresse-toi, Ladji ! Remonte tes épaules, arrête de te balancer… » Le prof de théâtre me reprend devant tout le monde, et j'accepte, je me plie aux conseils, je progresse.

Petit à petit, je prends conscience de l'espace, de la présence des autres qui circulent, de mon corps qui exprime déjà quelque chose. Les exercices sont un véritable apprentissage de la relation à autrui. Quand l'enseignant frappe dans les mains, voilà que je dois me figer et regarder le copain, la copine la plus proche de moi, la fixer dans les yeux pendant dix secondes. C'est une éternité ! Envie de rigoler… Et le souvenir aussi que, dans la cité, celui qui te fixe de la sorte te manque de respect, te provoque. Claquement de mains : je tombe nez à nez avec Camille, la jolie fille du professeur de français, qui, appliquée, me regarde droit dans les yeux… Au tour suivant, me voilà face à mon copain Sofiane : le face-à-face tourne à l'éclat de rire irrépressible !

Progressivement, les barrières tombent. Nous finissons par nous regarder les uns les autres, sans gêne. Ce que je peux ressentir, tous les comédiens le vivent, mais c'est pour moi une découverte extraordinaire. Pour s'adresser au public, il faut poser sa voix, trouver sa voix, chercher à être le plus juste, le plus vrai. Celui qui cherche à se mettre en avant va vite se planter. C'est en essayant de « faire les comédiens » que je vais rater mon coup de théâtre. Non : c'est quand nous faisons tout pour nous faire briller les uns les autres que le courant passe.

Le public ne s'y trompe pas : quand il apprécie, nous sommes souvent les premiers émus par notre jeu. Cela peut paraître banal, mais quel chemin depuis ma banlieue : ma réussite sur les planches dépend des autres. Qui passe derrière moi ? Comment nous plaçons-nous pour ne pas nous gêner ? Il ne s'agit pas d'abord de placer son texte, mais d'écouter l'autre, pour intervenir au bon moment, en m'accordant à l'autre. Si je jouais déjà « collectif » au basket, sur scène je prends des risques : je ne joue plus au plus fort, mais au plus juste…

Lors de la représentation de fin d'année, j'ai senti le respect du public, une part d'admiration mêlée d'émotion… Quel retournement : jusqu'alors, mes potes m'acclamaient quand je cognais, le plus fort possible. Maintenant, on m'applaudit parce que j'essaie de partager un peu de beauté. Et un peu de beauté me contamine…

Je ne suis pas seul sur scène et les autres comptent sur moi. Il y en avait encore un à convaincre : c'était moi ! Le plus difficile a été de me faire confiance à moi-même. Tout débutant connaît ce malaise, des gestes parasites, la respiration coupée… « Allez, Ladji, lâche-toi ! me lançait mon prof, respire et détends-toi ! » Les exercices et le temps, le regard bienveillant des autres, m'ont permis petit à petit de devenir moi-même. Sur scène, mon regard fait exister l'autre. Et si c'était aussi comme cela dans la vraie vie ?

Il a fallu du temps, mais j'ai compris qu'il était inutile de vouloir faire « comme les autres » : c'était moi qui devais incarner tel ou tel personnage, avec tout mon être. Chaque acteur doit trouver sa manière propre de s'engager avec les mots d'un auteur. On n'a pas l'habitude de parler comme Molière ou Shakespeare, et voici que je me retrouvais dans leurs histoires !

Nous avons travaillé les tragédies grecques : quelle émotion ! Vraiment, « J'kiffe Antigone » : c'est devenu le titre du dernier spectacle que j'ai créé. Le théâtre n'est pas réduit à la culture. Il ne modifie pas seulement mon rapport aux autres : apprendre à analyser des émotions, tenter de les transmettre par une attitude, une intonation, nous apprend aussi à vivre nos propres sentiments. J'ai eu une chance incroyable : l'exercice d'écriture quotidien, la prière, le théâtre… Tout concordait pour me faire vivre avec une belle intensité les évènements de mon existence.

Chapitre 11

Profession comédien

Si l'apprentissage de la scène était pour moi un sacré défi, j'ai tout de suite eu le sentiment que quelque chose se passait. « Oh là là, c'que t'as fait là, c'est mortel ! » : mon pote Sofiane était estomaqué, mais je ne peux pas me fier aux louanges d'un ami, trop subjectif. En revanche, les copains de l'option théâtre, le prof, ne tarissaient pas d'éloges : je devais donc avoir quelques atouts… Et je ressentais une telle joie quand je jouais que j'ai vite eu envie de m'accrocher. Dès cette époque, ma motivation est telle que je mémorise très vite les textes. C'est peut-être déjà à la manière du conteur que je me les approprie.

Notre groupe de théâtre devait participer à une rencontre européenne avec d'autres lycées allemand, italien, espagnol : les élèves et les professeurs, les metteurs en scène et comédiens étaient mélangés, en dépit de la barrière de la langue. Zonka, enseignante allemande aux yeux bleus, responsable de mon groupe, ne parlait ni français, ni anglais. Elle ne parlait qu'allemand. Mais elle était tellement expressive qu'elle savait se faire comprendre. Me voilà désigné pour une improvisation du personnage d'Agamemnon, roi mythologique abattu de chagrin, puis saisi d'une colère redoutable. Je suis monté sur scène, marmonnant, puis vociférant je ne sais trop quelles phrases puisque personne ne me comprenait. Tout mon corps était habité par cette lente et visible transformation de la faiblesse à la rage. Au terme de mon improvisation, je me suis tourné vers Zonka. Son regard bleu restait sur moi, un long moment encore, sans rien dire. Puis elle a applaudi lentement, profondément. A la fin de la séance, elle m'a fait traduire quelques mots par un élève : « Il faut que tu fasses du théâtre, tu dois aller dans cette voie », disait-elle en substance. Elle ne savait pas qui j'étais, avant cela, perdu dans ma banlieue. Elle savait que nous ne nous reverrions jamais, mais Zonka sentait ce que pouvait être mon avenir.

Une fois le bac en poche, je me suis inscrit à l'université de Paris-VIII, à Saint-Denis, pour suivre un cursus d'art du spectacle. J'ai rencontré une foule de personnes, metteurs en scène, comédiens, gens de théâtre… J'avais l'ambition d'aller jusqu'à une thèse de doctorat autour de «l'acteur noir» : ma découverte du théâtre et de l'Afrique devenait une obsession. Et c'est tout naturellement que le conte s'est imposé à moi, comme une évidence. Pendant ma deuxième année de fac, j'ai monté mon spectacle de conte, joué à Paris dans une petite salle. Ce fut pour moi une révélation, et le public m'encourageait.

C'est alors qu'un comédien m'a proposé de passer un casting. Julien Bouffier, metteur en scène, montait *L'échange* de Paul Claudel et souhaitait confier le rôle principal de Louis Laine à un comédien noir :

- Ça t'intéresse ?

- Je n'ai jamais passé de casting, ai-je répondu

- Tu as peu de chance d'être pris, mais au moins, ça te fera une première expérience !

Je devais préparer une scène. Vanessa, une comédienne, me donnait la réplique.

- Tu t'assieds là, et vous jouez la scène, me demande le metteur en scène.

À la fin, il reste muet. Il me donne quelques indications et reprend :

- Tu peux rejouer la scène ?

Après ma lecture d'autres passages de la pièce, il me lâche enfin, sans rien ajouter. Et m'invite à revenir la semaine suivante. Il était inconcevable de lancer son projet, créé avec la Scène nationale de Sète, avec un débutant. Et pourtant : il m'a choisi !

J'ai vécu les répétitions, et même les représentations, comme un rêve. Dans les coulisses, devant le matériel de scène, j'avais des yeux de gamin. Et en même temps, j'ai découvert combien c'était un métier. Il a fallu beaucoup s'investir : je connaissais mon texte sur le bout des doigts.

Les choix scéniques étaient audacieux : la pièce était transposée dans une sorte de film américain, avec une voiture sur scène, des projections vidéo. Mon personnage avait du sang indien, il était fougueux, courait dans tous les sens, traversait le public, réapparaissait sur le grand écran… Au cours de la pièce, je devais me mettre en colère contre une fille. Moi, si prompt à agresser, je n'y parvenais pas ! Impossible d'être virulent face à cette comédienne qui n'attendait que cela. J'étais paralysé, incapable de rentrer dans le jeu… Ce fut un gros travail : j'ai cru que je n'y arriverai pas ! Mais la magie du théâtre nous transcende : à la deuxième ou troisième représentation, j'ai littéralement explosé ! Curieuse sensation que d'exprimer la plus extrême violence tout en gardant intérieurement une forme de distance : le théâtre est un jeu, ce n'est pas la vraie vie. Mais cette scène renvoyait l'ancien caïd à ses errements passés. J'ai beaucoup appris sur moi-même en jouant.

Difficile de poursuivre en même temps les études. D'autant plus que ce premier engagement qui m'a occupé plusieurs mois a grandement facilité le lancement de mon «one man show». L'étudiant est devenu intermittent du spectacle, et j'ai fait ma première tournée comme conteur. Voilà une carrière qui s'annonçait bien… Bientôt bousculée par une rencontre décisive : Martine.

Chapitre 12

Le Maître de l'impossible

«L'Amour est un choix» nous lance le Père Joseph. Il s'adresse aux animateurs de la colo, alors que nous sommes face à notre assiette, dans le cliquetis de nos fourchettes, au milieu des rires, de nos conversations croisées autour de la grande table du réfectoire. Avec José, un grand blond aux yeux bleus, on rectifie : «Beh non, Père Joseph, c'est impossible ! Quand on aime une fille, on ne choisit pas ; on l'aime parce que c'est plus fort que nous !»

La grosse voix du Père Joseph résonne encore... «L'Amour n'est pas qu'une question de sentiments, on choisit d'aimer», rétorque le prêtre. Avec José, nous sommes irrités. On proteste, on conteste. Père Joseph nous parle de quelque chose qu'il ne connaît pas, pensais-je du haut de mes 18 ans. À cet âge, on sait qu'une fille nous attire parce que le cœur palpite, et ça, on ne le choisit pas ! Les goûts, les couleurs, on ne choisit pas. Ça le fait ou ça ne le fait pas.

L'amour est une histoire de cœur, et pas de raisonnement. Quand on est ado, on ne vit pas les choses autrement. Nous sommes conduit par la force de la vie, par les pulsions, par une sorte d'énergie conquérante, fougueuse. Pourtant, bien que Père Joseph me parlât un langage insaisissable, cette phrase n'a cessé de tourner dans ma tête, comme une sorte d'oiseau de nuit que je croyais disparu et qui régulièrement surgissait en faisant siffler ses ailes tout près de mon oreille sans que mes yeux puissent l'attraper. C'est par l'expérience que nous rentrons en contact avec le réel. Et cette parole voilée du Père Joseph n'allait pas tarder à s'éclairer un jour, au détour de ma vie. L'oiseau noir se dressera imperturbable sur mon chemin pour me révéler l'énigme de sa vraie nature.

Une fois de plus, cela se passe dans la chapelle de Julos, le camp des Pyrénées. Vêtu de blanc, le Père Joseph est face à l'autel, solennel. Assis sur le banc le long du mur avec José, nous jouons de la guitare et faisons chanter l'assemblée. Alexandre est devant, près de l'autel, face au célébrant. Il est concentré : il va recevoir le « sacrement des malades ». Alexandre fait partie de notre équipe d'animateurs : il est un peu plus vieux que moi. On a une belle complicité, surtout lorsqu'il s'agit de rire des répliques des spectacles des *Inconnus*. Mais l'instant est grave : Alexandre est atteint de la maladie de Berger, une maladie auto-immune qui attaque les reins. Cela fait un moment qu'il attend un don d'organe, en vain. Il n'espère pas de miracle en recevant «le sacrement des malades» : il sait que cela lui donnera réconfort, courage et paix pour traverser cette épreuve. «Mais quand même ! Un nouveau rein ce serait vraiment super !», se dit-il.

Martine est tout près de lui. Il a tenu à ce qu'elle soit présente. Pour nous tous, jeunes de Julos, Martine n'est pas seulement celle qui travaille à l'OCH à Lourdes pour nous aider à mieux comprendre la dimension du handicap. Elle est un exemple : elle nous scotche dans sa relation aux personnes handicapées. Elle rencontre chacun et chacune comme si c'était la personne la plus importante au monde. Elle est pour nous une sorte de «grande sœur» à qui on aime se confier, parler de nos difficultés. Une sœur amie avec qui nous aimons rire, être nous-mêmes. Chaque fois qu'elle passe nous voir à Julos, beaucoup veulent prendre un temps avec elle pour lui raconter leurs souffrances, leurs joies et leurs émois. Elle aime nous écouter et nous aimons lui parler. A chacun, elle apporte considération et réconfort.

Martine dégage quelque chose : à ses côtés, on se sent unique, important, précieux. Martine avait 19 ans quand des épreuves l'ont amenée, avec sa grande sœur, a élever leurs trois petites sœurs, dont la dernière n'avait que 2 ans. La vie lui a appris très vite à avoir des responsabilités et à savoir prendre soin des autres. Mais elle n'a pas oublié de vivre. Avec José, lorsque la soirée était libre, nous foncions chez elle pour découvrir, les yeux écarquillés, ses nombreux livres sur l'Inde. Elle nous racontait ses multiples voyages, nous montrait ses photos de Bénarès et nous partageait la vie de ses amis indiens. La maison de Martine était une porte ouverte à tous ses amis, si différents les uns des autres. On pouvait trouver autour de sa table un prêtre, un policier italien, et un jeune sorti de prison. Et puis, il y avait sa chère bande de punks, de grands gaillards avec des coupes impressionnantes, des chiens, des tatouages, des noms incroyables, Mozart, Lyzy, Caloun, Spok... Tous plus impressionnants les uns que les autres. C'était des flots incessants de fous-rire, des engueulades tonitruantes auxquelles Martine ne prenait jamais part, des virées extraordinaires... Petit bout de femme, Martine, était très respectée par ces cœurs de rebelles, qu'elle trouvait si beaux et à qui elle distillait beaucoup de douceur et de tendresse. Elle noue des amitiés vraies et réciproques dont la fidélité n'a jamais failli.

La célébration atteint sont point culminant : le Père Joseph s'avance avec, entre les mains, une petite fiole contenant une huile bénite. Martine pose une main sur l'épaule d'Alexandre. Père Joseph trempe un doigt dans la fiole et marque le front et les mains d'Alexandre. Avec José, on intensifie notre musique comme pour invoquer l'Esprit de Dieu. Et c'est à ce moment précis que plus rien n'existe autour de moi. Tout disparaît, que ce soit le père Joseph, Alexandre, José, la musique et la guitare… tout s'efface, sauf Martine. Je ne vois plus qu'elle, comme si je la voyais pour la première fois. Pourtant, je la connais et l'apprécie beaucoup, sans rien imaginer de plus. Subitement, elle envahit toute ma pensée, toute mon âme. Comme si, d'un seul coup, la vie me la désignait parmi toute les femmes du monde : «La voici, c'est elle qu'il te faut, la femme de ta vie.»

Tout devint comme évident, nos nuits blanches à échanger sur des sujets profonds, nos fous rire, nos virées en montagne… Quelle est cette sensation étrange ? Je n'ai rien vu venir… Et cette évidence est vite balayée par une révolte intérieure : je n'ai pas prévu ce programme pour moi. Ma vie est à Paris. Je ne veux pas me caser tout de suite. Et puis, pour tout dire, ma femme, je l'imaginais autrement ! Et puis, nous n'avons pas le même âge… Mais quel chambardement intérieur. À la fin de la cérémonie, Alexandre est heureux. Moi, je me sens bizarre. En sortant de la chapelle, Martine me fuit. Que se passe-t-il ? Je la cherche, je l'appelle. Elle est gênée, me dit qu'elle doit rentrer chez elle. Bizarre.

Trois jours plus tard, quand on se revoit enfin, elle me parle courageusement. Elle me confie avoir vécu une révolution intérieure, l'autre soir dans la chapelle. La même chose que moi. Elle, dans la confiance, dit « Oui à nous » ! Mais pour moi, c'est une toute autre histoire. Autant l'avouer : au fond de moi, je sens que c'est elle. Mais je résiste à ce projet. Il faudrait se lâcher, s'abandonner : c'est un trop grand déplacement intérieur, comme une mort à moi-même. J'avais l'impression d'être en haut d'une falaise et que le bon Dieu me demandait de sauter. Il me rattraperait, bien sûr, mais quand même... Il faut d'abord faire le pas de sauter. « L'amour est un choix. » Cette phrase résonne dans ma tête. Il m'a fallu trois ans avant de pouvoir sauter. Et l'oiseau nocturne, s'est révélé être une magnifique colombe blanche.

Chapitre 13

Un Parisien à Bamako

Ce grand chamboulement de ma vie m'a renvoyé à mes origines et à l'ignorance de mes racines. Pourtant, je ne peux gommer mon identité. Je l'ai dans la peau : « Tu es noir, qu'est-ce que cela signifie pour toi ? » Grand silence intérieur : je ne m'étais jamais intéressé à mes ancêtres. Il a fallu « faire connaissance » avec mes parents : qu'avaient-ils vécu avant ma naissance ? Comment s'étaient-ils insérés dans la société française ? C'est à cette époque que mon père a commencé à me raconter les origines familiales, le sort qui l'avait désigné pour aller travailler en Europe, son voyage jusque Paris… Je n'ai d'abord appris que les noms des nombreux oncles et tantes, cousins et parents éloignés qui vivaient encore là-bas, entre le Mali et le Burkina Faso.

Mon histoire commençait avant moi : elle s'enracinait dans la double histoire de mes parents. Histoires extraordinaires et fortes, si éloignées de mon enfance, et dont j'ai tout ignoré pendant si longtemps. Je commençais à rêver des bords du fleuve Niger. J'imaginais les longues palabres et, dans la brousse, les troupeaux de chèvres dont mon père avait la garde quand il était jeune. Mes parents prenaient de l'importance : j'étais fier d'eux.

Tous deux ont connu, dans leurs jeunes années en Afrique, un rapport intense à la nature. Mon grand-père maternel était chef de village : il veillait au développement économique et agricole de ce bout de terre accroché au fleuve. Il y avait des rizières. Les paysans créaient des potagers, de petits élevages. Je voulais toujours en savoir plus sur la manière dont pouvaient vivre ceux que mes parents avaient laissés au pays.

Ils n'étaient pas arrivés en France qu'avec des souvenirs : mon père cultivait aussi la sagesse africaine. Tant que nous étions turbulents, mes frères et moi, il ne pouvait pas vraiment le montrer. Quand je me suis mis à l'écouter, il a commencé à citer des proverbes africains. Toute la culture africaine revenait à la surface. Il parlait plusieurs langues : le bambara national, mais aussi le dialecte de son village – il y a près de trente-cinq langues différentes au Mali –, et bien sûr le français. Mon père était un sage, et je ne le savais pas.

Pour faciliter notre intégration, mes parents avaient voulu taire ces nobles origines. Et puis, petit à petit, elles sont restées enfouies. Quelle surprise quand enfin, nous nous sommes vraiment intéressés à eux. Ce n'était pas une simple curiosité : j'ai voulu apprendre le bambara, j'ai fait du conte mon métier. Un de mes frères est parti vivre au

Mali… Nous avions en nous des trésors insoupçonnés, et nous nous enrichissons de notre passé. Nous venons de quelque part !

Si j'ai regretté de découvrir si tard mes origines – mais aurais-je été réceptif quand je n'étais habité que par violence ? –, je ne peux que m'incliner devant l'intention profonde de mon père qui nous voulait libres. Son grand désir, c'était de nous transmettre un avenir, et non un passé. Pas question pour lui de nous imposer son histoire africaine, ni même les débats d'actualité qu'il suivait tant bien que mal à distance. Comme beaucoup d'Africains à cette époque, il vénérait Thomas Sankara, président charismatique du Burkina Faso, assassiné lors d'un coup d'état en 1987. Patriote, mon père s'intéressait à la politique africaine et voulut alors me partager quelques rudiments pour mieux saisir les enjeux de l'Afrique de l'Ouest.

La politique ne fut pas le plus passionnant pour moi. Mais mes yeux écarquillés, mes oreilles grandes ouvertes l'ont convaincu que ce passé avait de l'intérêt. Il a commencé à se raconter… Je voyageais ! Il glissait des mots de bambara, ce qui attisait encore ma curiosité.

La langue est le creuset d'une culture, c'est une façon de penser, presque un art de vivre. Je me suis procuré le manuel écrit par un Père blanc, Charles Bailleul, qui a vécu plus de quarante ans au Mali[1]. Je découvrais ma langue, même si dans un livre, c'est une langue morte.

[1] *Cours pratique de bambara*, Charles Bailleul, Bamako, Éditions Donniya, 2005.

J'ai trouvé des cassettes, acheté d'autres ouvrages du Père Bailleul qui avait écrit des dictionnaires, des recueils de contes, etc. Au bout d'un moment, j'ai osé parler avec mes parents : ils rectifiaient les intonations, précisaient les circonstances dans lesquelles telle ou telle formule pouvait être employée… Intrigués, mes frères et sœurs ont voulu s'y mettre : à chaque occasion, nous essayions de tenir quelques conversations en bambara. Je sentais que je devais saisir cette opportunité : c'était plus qu'une découverte folklorique. C'était une chance immense qui m'était rendue en retrouvant mes racines et ma langue.

Ma langue, c'est le conte. Et inversement. C'est aussi la chanson. J'ai découvert le top 10 des vedettes maliennes : Salif Keïta, descendant en ligne directe de Soundiata Keïta, le fondateur de l'empire du Mali au XIIIe siècle ; la chanteuse Rokia Traoré, fille de diplomate ; la star Oumou Sangaré… Je baignais enfin dans ma culture originelle qui, sans que je puisse en avoir conscience, me manquait certainement.

Après des mois et des mois d'étonnements, de dialogue enfin entamé avec mes parents, de lectures avides et de découvertes des richesses traditionnelles africaines, il me fallait partir. Fouler le pays de mes parents, la terre de mes ancêtres.

Je suis parti au Mali avec ma mère. Incroyable chemin… Mené parallèlement à la préparation de mon baptême ! Ainsi, contrairement à toutes les craintes légitimes que mes parents pouvaient avoir et du risque de rupture culturelle, sociale, choisir de devenir chrétien ne m'avait pas coupé de ma famille, mais avait même eu l'effet inverse en resserrant nos liens.

Mes parents étaient loin d'avoir abandonné tout espoir de retour au Mali. Leur projet a toujours été de rentrer « chez eux », mais les naissances successives et leur souci de nous assurer le meilleur a repoussé leur retour jusqu'à l'âge de leur retraite. Ils y sont aujourd'hui heureux. Quand j'ai commencé à m'intéresser à mes origines africaines, j'ai aussi appris qu'ils préparaient depuis toujours ou presque ce retour en achetant quelques parcelles de terre pour l'élevage et le pâturage, en faisant construire de petites habitations qu'ils louaient ensuite… C'est une des raisons pour lesquelles ma mère se rendait régulièrement au Mali, afin de faire « le tour du propriétaire » en quelque sorte. J'ai profité d'un de ses voyages pour l'accompagner.

Quel choc ! Dès l'atterrissage à Bamako, j'ai senti une bouffée de chaleur pareille au courant d'air des réacteurs. Mais non : c'était bien le climat d'ici, avec les odeurs, les couleurs, la terre rouge. Moi qui croyais avoir appris mes racines depuis quelques mois, je me suis senti étranger sur la terre de mes ancêtres. Noir parmi les noirs, je me sentais sans cesse renvoyé à ma culture française, à mon identité européenne. Même mon bambara que je croyais à peu près maîtrisé était si maladroit que je faisais mieux de me taire, ou de parler tout simplement en français… Avec un accent parisien que je ne me connaissais pas ! La joie de me retrouver enfin là-bas avait un goût étrange : j'étais décalé.

Ma mère était aussi heureuse qu'un poisson dans l'eau. Logés dans notre maison, à Bamako, j'ai vite fait la connaissance d'un oncle militaire qui connaît la ville comme sa poche. Pas très grand, tête entrée dans les épaules, Abdoulaye était tout heureux de saluer son neveu français, et moi, trop content d'avoir un guide. À califourchon sur sa mobylette, il m'a entraîné dans tous les quartiers de la capitale. La circulation, avec énormément de deux-roues, est un vrai capharnaüm ! La vie grouille, avec de petits marchands à chaque coin de rue, des boutiques où l'on trouve absolument tout. Rien ne se perd. Tout se vend, se revend, se récupère, se recycle à Bamako.

Les voitures sont impressionnantes : rafistolées, rouillées et brinquebalantes, elles roulent toujours. Et ne croyez pas qu'ils sont techniquement distancés : ils réparent un four à micro-ondes, un téléviseur, un ordinateur, désossent un téléphone portable pour le réparer en moins de temps qu'il nous faut en France pour changer de forfait. Ma chemise sera recousue un peu plus loin, mes tongs réparées, mes lunettes réajustées… Et nous Européens, nous voulons parler au monde de développement durable ?

Cet accueil chaleureux a atténué mon dépaysement : les membres de la famille se succédaient, me faisaient des cadeaux, se mettaient à discuter comme si nous nous connaissions depuis toujours. Ils ne ménageaient pas leurs efforts pour venir, ils passaient du temps avec moi… Il est vrai que celui qui vient de France est reçu comme un prince. Même s'il est simple ouvrier à Paris ou étudiant pas bien brillant comme moi, c'est un « Monsieur ». Et cela n'empêche pas la rencontre : tous venaient voir « le blanc », celui qu'ils surnommaient encore « le Parisien », avec une pointe de dérision. J'ai découvert cet humour… noir, disons plutôt africain, qui met tout de suite en confiance : il n'y a plus de barrière, on peut se parler. Quel accueil fraternel !

Et je ne peux oublier la présence des enfants, si nombreux, qui jouent dans les rues sous la surveillance générale des adultes. Tout le monde se connaît, chacun est à sa place… J'étais fasciné par cette simplicité de vie, ce détachement matériel qui sont l'expression d'un véritable « savoir-vivre ». Comment ne pas retenir cette belle leçon de sobriété et de joie accessible ?

Chapitre 14

Sur les bords du fleuve Niger

J'ai vécu ce premier voyage comme un coup de foudre. À vingt et un ans, je voulais être malien ! J'aurais pu rester là-bas tant le pays me fascinait : la langue qui m'échappait encore, cette sagesse qui jaillissait au détour d'une conversation avec l'un ou l'autre proverbe qui fait partie du patrimoine commun. Sans parler de la musique, partout, à toute heure du jour et parfois de la nuit.

Je voulais rencontrer Papus, le fils de Zani Diabaté qui était un magnifique musicien, surnommé le « Jimmy Hendricks de Bamako ». Papus avait un énorme talent et donnait des cours de percussion. Je m'attendais à me retrouver avec les autres stagiaires dans une salle de classe, tous alignés à l'écoute du prof… Non : la leçon était donnée en plein marché. Mon oncle m'a emmené : il faut s'y retrouver dans le dédale des paillottes faites de piquets et de tôles, passer entre les étals de poissons et d'épices, de graines et de tissus… Un vrai labyrinthe ! Au milieu de tout ce bruit, je perçois enfin le rythme des percussions. Mais la soufflerie des forgerons qui oxygènent leur four couvre presque la musique.

J'arrive enfin dans la cour – concession dit-on chez nous – où se trouve Papus. Il règne là une agitation peu commune, avec des personnes assises sur de petits tabourets ou à même le sol, sirotant du thé, palabrant. D'autres étalent des pagnes à sécher ou à vendre. Et autour du maître, les élèves avec leurs instruments. Beaucoup d'élèves… blancs ! Et Papus qui s'exprime en anglais. À moi, il s'adresse en bambara : je ne comprends pas tout ! Mais surtout, je suis tendu, concentré et incapable de sortir un son correct de mon djembe. Petit à petit, je comprends, je m'investis, je me laisse aller : il faut taper avec force mais souplesse. Tout le corps est en jeu, jouant sur la respiration. Pour devenir «africain», je dois me laisser apprivoiser, être à l'écoute. De jour en jour, j'apprends et j'entre dans ce rythme, cette musique que je croyais connaître et qui doit s'incarner. Elle doit prendre chair pour résonner et vibrer.

J'ai vraiment compris la musique africaine durant ces heures de pratique avec Papus : il y a différents niveaux dans les percussions, différents instruments. Certains assurent la base pendant que le soliste mène la danse et il n'est pas besoin d'être bien vieux pour jouer ! Un gamin joue sans réfléchir. Mes frères de peau ont la musique dans le sang. Le rythme fait partie de la vie. Moi, il a fallu que j'apprenne, que je comble un formidable retard…

En fait, ce fut comme un voyage initiatique. Je faisais du théâtre, j'étais attiré par le conte et la chanson : découvrir la culture africaine fut un révélateur, non seulement de cette richesse mais aussi des formidables découvertes qui m'attendaient. Il y avait là un trésor que j'ignorais. Je recevais de mes parents, de mes origines, ce qui allait devenir essentiel pour demain : enfin planté « quelque part », l'arbre que j'étais pouvait se nourrir de ses racines et monter vers le ciel.

Il y avait encore du travail. Mais pour l'instant, la famille, les amis me faisaient découvrir l'art de la parole. Prendre du temps ensemble est une leçon que j'ai reçue au Mali : nous qui sommes toujours pressés par le temps ! Et il en faut du temps, par exemple, pour aller de Bamako jusqu'au village de ma mère, au nord du pays : plus d'une journée de voyage.

C'est dans un car plein à craquer que nous avons quitté la capitale... Il y avait de nombreux passagers, mais pas seulement : la fête de l'aïd approchant, il y avait des valises et de nombreux moutons qui allaient être sacrifiés en famille. Les bêtes étaient enfermées dans les soutes, ficelées sur la galerie... Et ce chargement hétéroclite ne ralentissait pas le chauffeur qui ne tenait pas vraiment compte des crevasses et bosses passées en force. Il faisait chaud, nous transpirions, irrités par les fibres de laine des moutons qui volaient dans l'habitacle et se collaient à notre peau. Avant même d'arriver au village maternel, le périple m'a permis de réaliser que Bamako n'avait rien à voir avec le reste du pays. Une fois quittée la grande ville, c'était la brousse parsemée de villages, parfois de bourgs plus importants. C'est la route qui était l'attraction, l'axe d'activité : des jeunes filles venaient avec leur plateau sur la tête, proposant aux voyageurs des fruits, de l'eau… C'est de nuit, alors que je m'étais assoupi, que nous sommes arrivés à notre destination. Le temps de descendre, de sortir des bagages, quelques moutons, et voilà le car poursuivant sa course folle. Les autres passagers s'égayent dans la nature. Je me trouve assis sur une malle face au fleuve Niger dans lequel se reflète la lune blanche. Le silence s'installe. Instant magique. C'est alors que ma mère enlève son pagne qu'elle étale sur le sol, et fait sa prière. Comment ne pas être bouleversé par ce moment rare, d'une infinie fragilité. À la fin, elle s'enroule dans le pagne, s'allonge et s'endort : nous ne pouvions guère progresser en pleine nuit, et pour aller dans quelle direction ? De mon côté, je m'emmitoufle aussi et bientôt sombre dans un sommeil étrange.

J'ouvre un œil au lever du soleil. Ma mère est à nouveau en prière, au bord du fleuve. Elle m'annonce que son frère ne va plus tarder. Encore un peu de temps pour arriver au village… Du fond du fleuve, dans le soleil levant, vient à nous une silhouette. Debout dans sa pirogue, l'homme plante loin devant une grande perche et appuie de tout son corps puis recommence. Lentement, le geste se répète. Le bateau fend les eaux, avance sans bruit. La pirogue glisse et bientôt arrive jusqu'à nous. Cet homme à bord, enroulé dans son turban, c'est mon oncle.

Je suis saisi par cette image d'Épinal, qu'on voit dans les livres, les brochures touristiques… Aujourd'hui, je fais partie du décor ! L'oncle saute de l'étroit esquif et s'adresse à moi dans un français impeccable : « Bonjour Ladji ! Comment ça va ? » Dans la région plus au nord, on parle le songhaï dont je ne connais pas un traître mot. Il commence à échanger avec ma mère : ce sont les salutations d'usage mais je ne comprends rien.

Mon oncle s'affaire enfin. Je ne vois pas comment nous allons nous retrouver dans la pirogue large de cinquante centimètres, et ajouter tous nos bagages. Mais nous avons entassé les affaires, tout ficelé, et vogue la pirogue ! Ma mère est assise à la poupe, moi juste à l'avant. Derrière moi, mon oncle est à la manœuvre pour nous faire glisser sur l'eau, comme il est venu. Durant tout le voyage, il me parle : « Alors, comment va la France ? Qui sont tes amis ? Leurs prénoms ? Que font-ils ? Comment vont tes frères et sœurs ?... » Toute la famille y passe. Jamais quelqu'un ne s'est intéressé à ce point à mes amis, mes proches. Jamais on ne m'a demandé ce que je faisais avec Sofiane, Bouba, quelles étaient mes activités, mes préoccupations. C'est le lien social qui raconte ma vie, c'est mon histoire qui dit qui je suis.

À la proue, j'aperçois maintenant un village, un groupe d'adultes agglutinés et une ribambelle d'enfants qui chantent et crient en gesticulant. Pas de doute, nous sommes attendus ! La pirogue accoste doucement sur une petite plage de sable. En un rien de temps, nos affaires sont débarquées, prises en main, transportées dans le village. Je n'ai rien à porter, tout entier occupé à répondre aux bonjours qui fusent.

Les maisons sont faites en banco, une espèce de terre cuite et malaxée, ce qui donne un ton uniforme au village, avec les habitations de la même couleur ocre-rouge que le sol. Je ne comprends pas un mot des accueils volubiles des villageois : je réponds en souriant à leurs propos en songhaï. Voilà le lieu de naissance de ma mère. Aboubakar Issiaka Maïga était le chef du village. C'était mon grand-père.

Les salutations n'en finissent pas. La politesse africaine est connue : on demande des nouvelles de tous à ma mère, qui répond invariablement : « Ça va, Dieu merci, ça va ! » Je n'ai pas pu vraiment donner la réplique, mais j'essaie, ce qui provoque de grands éclats de rire chez mes interlocuteurs.

Nous, les africains d'Europe, sommes accueillis à bras ouverts et très écoutés par les villageois. Mais moins, quand même, que le chef. Mon grand-père était déjà mort, je ne l'ai donc pas rencontré. Mais beaucoup m'en ont parlé avec respect. C'est lui qui avait la vraie sagesse, entre le fleuve Niger et le désert du Sahel. Et je suis ému par le sens de la relation que tous cultivent ici. Des cousins, des cousines viennent des villages voisins, certains de la ville de Goa, pour s'asseoir sur une natte, à la nuit tombée, et discuter sans fin à la lueur d'un petit brasero ou simplement sous la clarté lunaire. Je me suis mis à parler de mes amis, de la vie en banlieue ; jamais je n'avais raconté ma vie à ce point. Nous cultivons en France une telle pudeur sur ce qu'est notre propre vie… Là, tout était clair : ces moments de partage, quand le temps s'arrête et que nous nous intéressons à l'autre, sont d'une extraordinaire richesse. On peut se raconter sans crainte, on peut même se moquer gentiment de l'autre : ce n'est plus le début d'une agression, mais presque l'expression d'une certaine affection. Et puis je venais voir le Mali, découvrir ce que vivait ma famille éloignée : je la sens proche et elle s'intéresse à moi. Renversement des rôles… Ce n'était ni par politesse ni par curiosité qu'ils interrogeaient le Parisien, mais bien pour me rencontrer, apprendre à me connaître. Et les difficultés de la langue ne nous empêchèrent pas de nous comprendre.

Si j'ai retenu d'eux le sens de la rencontre, je n'oublie pas non plus la joie. Rien n'est grave : même si certains sujets le sont, abordons-les joyeusement, car c'est la vie qui prime. Tout devient émerveillement : le matin, c'est le chant d'une jeune fille qui me réveille. Un chant pur et léger, survolant le village et les bords du fleuve. Magnifique ! Et tous les matins, il y avait ce chant qui parcourait les allées du village de cases. Derrière la poésie que j'ai pu y trouver, j'ai eu l'explication plus prosaïque par ma mère : chaque matin, de case en case, la bergère passe vendre le lait de ses chèvres… N'empêche : n'est-ce pas une belle façon de vivre le quotidien ?

Chapitre 15

La leçon du griot

Le retour en France fut difficile : j'avais retrouvé mes racines, et je leur tournais déjà le dos… J'éprouvais une sorte de nostalgie : j'avais touché du doigt une part d'essentiel. Je quittais déjà les bords du fleuve pour retourner dans le flot de mes préoccupations. J'avais découvert quelque chose de profond en l'homme, une vérité peut-être. J'enrageais de la perdre déjà, d'autant plus que je me sentais bien incapable de partager à mes frères et sœurs, à mes amis, ce que j'avais pu vivre.

Avant même de rentrer en Europe, je voulais déjà m'investir dans le village, aider à l'éducation des enfants, contribuer à la vie d'une école, que sais-je ? J'avais envie de reprendre le flambeau de mon grand-père, envie d'écrire une page de l'histoire du village. Comme si je me sentais investi d'une mission. Dans les semaines, les mois qui suivirent mon retour en France, je ne cessais de penser au village. J'étais encombré de trop de choses. La vie là-bas, dans sa simplicité, m'invitait à changer encore ma manière d'exister. Contre toute attente, voici que je recevais, par l'Afrique, un appel quasi-spirituel : je sentais que le dépouillement pouvait m'aider à grandir avec Dieu. Aussi loin que se situait Paris du nord-Mali, tout était pourtant lié. Il me fallait faire une pause et faire le lien, puisque c'était ma vie qui se dessinait ainsi, faite de la lointaine Afrique et du Dieu devenu si proche.

Je me trouvais en fait dans un conte initiatique dont j'étais le héros… Avant le final, il y a bien des épreuves, plus ou moins difficiles : le héros doit être éprouvé pour se révéler. Surtout, le propre du conte, c'est de « balader » son auditoire qui ne sait plus trop où on en est. La vie est un peu pareille... Mais ces crises passagères peuvent déboucher sur du neuf. Il fallait un « détour » par l'Afrique d'aujourd'hui pour retrouver qui je suis : j'avais encore tout à construire !

Non seulement je me réconciliais avec celui que j'étais, mais j'étais pris d'une curiosité insatiable pour mes racines. J'étais fasciné par l'Afrique. Et je découvrais qu'elle se vivait aussi à Paris, que de grandes voix faisaient retentir cette culture africaine, ma culture. La rencontre avec Sotigui Kouyaté fut décisive. Cet ancien footballeur à la double nationalité malienne et burkinabé fut un vrai sage. Né d'une famille de griots mandingues à Bakamo, il a vécu mille vies avant de devenir dans les années 1980, un comédien estimé. Son travail avec Peter Brook le rendit célèbre tout comme les films tournés avec Rachid

Bouchareb. J'ai eu la chance de rencontrer ce «grand» du conte africain. Il ne m'a pas seulement encouragé à devenir conteur : il m'a appris beaucoup sur la vie. Les griots sont des encyclopédies de notre savoir africain : il prodiguait des paroles magnifiques. Dans leurs jeunes années, mes parents écoutaient le chanteur Sotigui Kouyaté : que le maître accepte de m'enseigner fut pour eux, d'une certaine manière, un grand réconfort.

Il habitait aux Lilas, dans le nord-est de Paris. J'étais un admirateur parmi tant d'autres : il a accepté une première fois de me recevoir. Et j'ai pu revenir : timidement, je me présentais. Sa femme me faisait attendre. Puis me faisait signe par la fenêtre que je pouvais monter le retrouver au premier étage. «Ladji, ça me fait plaisir de te voir, me disait-il. Tu as dû pousser plusieurs portes avant d'ouvrir la mienne !» Ce n'était pas seulement le barrage de sa femme qu'il évoquait. Il avait tout compris de ma jeunesse à tâtons, de mon errance. Grand et maigre, appuyé sur sa canne, il me parlait de l'Afrique. Moi qui n'avais eu que mes poings pour m'exprimer, je découvrais la richesse de la parole. Voilà ce que j'ai appris de la bouche du griot : nous, Africains, avons en partage l'art de savoir dire les choses tout à la fois simplement et en profondeur. A nous les mots, la parole, l'instant !

Et voici que naissait en moi le désir – la vocation, même – de devenir conteur. Mais comment le petit Parisien de banlieue pouvait-il se le permettre ? «Tu as quelque chose à dire, tu es parfaitement légitime pour puiser dans l'oralité africaine et y mettre toute ton européanité», me confia Sotigui Kouyaté, qui m'encourageait, me donnait confiance. «Il faut arroser le petit arbre tant qu'il est petit», concluait-il, m'invitant à revenir le voir aussi souvent que je voulais.

Cette reconnaissance de mes pairs africains était capitale pour moi : par eux, je suis adoubé, autorisé à raconter des histoires, à prendre la parole. Je l'ai fait à ma manière. Dès le premier spectacle de contes, j'ai introduit quelques passages musicaux, à la guitare. J'ai voulu écrire cette première mélopée en bambara, la langue de mes origines. Mon premier spectacle fut un moment inoubliable : il y avait un public d'amis si nombreux ! Monsieur Bardet, mon professeur de français, était là. Les copains de fac, les amis maliens… J'avais délimité mon espace scénique avec du bogolan, un tissu d'Afrique. Les spectateurs si nombreux mordaient sur mon espace !

Mon cœur tapait à coups saccadés, comme un marteau dans ma poitrine. J'entrais sur scène en habit traditionnel, puis je me dépouillais lentement, pour enfiler la tenue d'Européen, une chemise, un pantalon… Cette introduction prenait du temps ! J'étais tétanisé par le trac, je fermais les yeux pour ne pas être aspiré par les regards du public. J'enchaîne ensuite avec une chanson : le temps de fixer le capodastre sur la guitare, trop haut, et me voilà lancé deux tons au dessus de la normale. J'ai dû me faire violence. Forcer ma voix m'a demandé un effort considérable : je me suis trouvé à chanter dans les aigus, fermant les yeux pour aller chercher la note. Le chant venait du plus profond des entrailles, la voix montait, fragile. L'effet sur le public fut étonnant. Mes amis ont bien senti que le ton était trop aigu. L'effort pour pousser la note donnait un caractère particulier au son qui sortait. En fait, la voix touchait au sacré, faisait vibrer les spectateurs, les prenait aussi aux entrailles.

Cette première confrontation au public fut un instant magique. Ce que je ressentais quand j'écoutais le fils, Hassane Kouyaté, je pouvais le reproduire et susciter chez l'autre une émotion semblable. Les spectateurs suspendus à mes lèvres étaient toujours aussi impressionnants mais ils n'étaient plus étrangers : ils me suivaient, me faisaient confiance. Ils riaient, ils étaient surpris par les animaux que je faisais apparaître sur scène. Non seulement nous étions en communion, mais ils me confirmaient que je pouvais être conteur.

J'aurais aimé être griot… Le griot est un conteur d'une sagesse extrême. Pour l'être, il faut suivre une longue initiation qui débute dès l'enfance. Un maître lui enseigne l'histoire de l'Afrique, des familles impériales mais aussi les lois de la nature, les animaux, le rythme de la vie… C'est un chemin qui commence dès l'âge de 7 ans, l'âge de raison dit-on. C'est pourquoi on est souvent griot de père en fils. J'avais perdu trop de temps : il me fallait combler ces lacunes… Je ne serais jamais griot mais je pouvais recevoir de mon maître Sotigui Kouyaté un flot de sagesses. Lui qui, encore gamin me racontait-il, avait été lâché en pleine forêt, les yeux bandés pour apprendre à écouter les bruits, pour apprendre à se déplacer. Il avait traversé bien des épreuves intellectuelles, physiques. Cette formation serait incomplète si les griots n'étaient initiés à l'art de la parole : ils ont appris à conter, à raconter, à chanter. Car toute cette sagesse acquise par Sotigui passait par les légendes africaines qu'il faisait revivre à la moindre occasion.

Si je suis artiste en France, le conteur en Afrique – et a fortiori le griot – ne fait pas profession de son verbe : il occupe une fonction sociale éminente. Il est le sage, le «philosophe» de la lignée, du village. Et moi, intermittent du spectacle, j'ai la prétention de devenir conteur ? Mais le griot Sotigui Kouyaté m'a adoubé. Il m'a libéré de ce scrupule, de cette réticence. Il y avait même pour lui, une sorte de fierté de me voir revenir dans le cercle du conte : en Afrique comme en France, les jeunes négligent tellement la culture de l'oralité.

Mystère de la parole, mystère du destin, de la providence, des choses qui se font, se défont et vous dépassent. Mystère de l'amour, du pouvoir, du temps qui passe, de la mort, de la vie. Il y a tant de choses que nous voudrions percer à travers le conte.

Chapitre 16

Le cœur du baobab

Un jour de grande chaleur, le lièvre s'installe à l'ombre du baobab. Il est tout content sous le baobab, profite de la fraîcheur, et se met à penser. Puis il parle tout haut :

- Ah ! Baobab, ton ombre est fraîche !

Entendant ces paroles, le baobab s'agite de contentement, ses feuilles se mettent à frémir, tout doucement. Ce qui n'échappe pas au regard vigilant du lièvre :

- Tiens, quand je lui dis de belles paroles, il réagit ! Et le lièvre continue :

- Oui, ton ombre est fraîche, assurément meilleure que ton fruit. Je ne veux pas médire mais ce fruit qui pend juste au-dessus de ma tête ne m'a pas l'air aussi frais que ton ombre…

Un peu déçu, le baobab laisse tomber son fruit devant le lièvre. Celui-ci le prend, le flaire, le goûte, et il dit :

- Ah ! Ton fruit est bon !, s'exclame le lièvre. Vraiment, ton fruit doit être meilleur que ton cœur : je ne veux pas médire, mais le cœur qui bat en toi m'a l'air dur comme pierre.

Piqué au vif, le baobab entrouvre son écorce. Un tas de choses plus précieuses les unes que les autres se déversent au pied de l'arbre : des pagnes, des perles, des bijoux… Ébloui, le lièvre s'en empare, remerciant chaleureusement le baobab, avant de prendre la poudre d'escampette.

Quand il arrive chez lui, sa femme s'émerveille de ce trésor. Elle prend un pagne, l'essaie et tourne sur elle-même. Elle saisit quelques bijoux, se pare et se maquille avant d'aller faire un tour en brousse pour se faire admirer de tout le monde.

C'est alors qu'elle croise la hyène. Celle-ci est immédiatement jalouse :

- Où as-tu trouvé ça ? Moi aussi, je veux être belle et bien habillée !

La hyène va voir le lièvre et lui demande où il a trouvé ce trésor.

- J'étais sous le baobab, je lui ai parlé, il s'est mis à bouger, le fruit est tombé, je l'ai croqué, il a ouvert son cœur, etc.

La hyène s'approche alors du baobab. Elle se place sous son ombre.

- Baobab, ton ombre est *bon*, dit la hyène qui est toujours un peu bête dans les contes africains. Elle tend la main pour récolter le fruit mais rien ne vient. Elle comprend qu'elle s'est encore trompée et recommence :

- Ton ombre est fraîche ! Et le baobab se met à danser.

La hyène répète ce que le lièvre lui a dit :

- Assurément meilleur que ton fruit, etc.

Le baobab fait tomber le fruit devant la hyène, la hyène mange le fruit, poursuit le dialogue et le baobab entrouvre son écorce. Des trésors se déversent à profusion devant la hyène. Mais celle-ci en veut plus, toujours plus. Loin d'être satisfaite, elle entre à l'intérieur du baobab. Avec ses griffes et ses crocs, elle arrache tout à l'intérieur pour s'emparer du moindre trésor. Le baobab déchiré, d'un coup expulse la hyène comme s'il toussait violemment et referme vite son écorce sur le trésor.

Cette histoire se répand si vite dans la brousse que plus personne ne se laisse approcher de la hyène. Pour satisfaire son appétit, désormais celle-ci doit se rabattre sur de la charogne… Quant au baobab, il n'ouvre plus son cœur à personne.

Le cœur de l'homme est un peu comme celui du baobab. Il est rempli de belles choses, de richesses, mais quand il s'ouvre, il s'ouvre à peine, il s'entrouvre si petitement qu'on distingue à peine le trésor qui se trouve dissimulé. De quelle hyène se souvient-il ?

Chapitre 17

Les invités au festin

Avec mon grand frère Madou, nous nous saisissons de l'agneau enfermé dans le coffre de la voiture. À l'aide d'une petite corde, nous lui attachons les pattes arrières avec une patte avant pour éviter que l'agneau ne s'échappe. À présent, nous sommes sur un coin de terre : l'agneau est au sol, je maintiens ses pattes plaquées sur l'herbe tandis que Madou presse ses deux genoux sur le dos de l'animal et lui maintient le ventre afin qu'il ne bouge pas. Mon père, debout près de nous, fait siffler les couteaux en frottant les lames les unes contre les autres. Nous sommes tournés vers la Mecque. Mon père se penche sur l'agneau, maintient sa tête d'une main et de l'autre pose soigneusement la lame du couteau sur la gorge. Il s'immobilise. Comme à chaque fois, il chuchote des paroles en langue arabe, quelques prières tirées du Coran. C'est alors que sa main fait glisser la lame dans la gorge de l'agneau. Le sang jaillit de la plaie comme d'une fontaine. L'animal ne fait pas de bruit. Il se vide doucement et son souffle finit par le quitter.

Ensuite, chacun accomplit la tâche qui lui est réservée pour dépecer l'animal, le vider, le découper. Un sourire me vient aux lèvres. Non pas que j'éprouve un désir macabre à tuer des bêtes. Il s'agit ici d'un rituel fréquent chez les musulmans, je l'ai vécu durant toute mon adolescence. Je souris car cette fois-ci, il ne s'agit pas de nourrir la famille mais les invités à notre mariage, Martine et moi.

J'ai 23 ans. Petite église de village dans les Hautes-Pyrénées. Été 2003, c'est la canicule : il fait une chaleur étouffante. Nous sommes assis devant l'autel. Martine est toute belle dans son sari indien. Moi je me suis fait coudre un boubou blanc trois pièces tout droit venu du Mali. Tim et Martine Guénard sont là, près de nous, au milieu de nos frères et sœurs. Des chrétiens, des musulmans, des athées, des médecins, des punks, des valides, des personnes handicapées, des écorchés vifs… Voilà de quoi est constituée l'assemblée. Face à nous, trois prêtres, un blanc, un noir d'ébène, un brun luisant.

Le noir, avec son rire qui monte dans les aigus à chatouiller les oreilles, c'est le Père Medji, un Béninois venu en France pour y passer quelques années. Le hasard ou la providence a voulu que je le rencontre au moment où j'étais en pleine tempête intérieure, dans ce tiraillement où d'un côté, je voulais rester à Paris pour vivre ma carrière d'artiste, de l'autre, je me sentais irrésistiblement attiré par Martine sans pour autant parvenir à lui dire oui. Le Père Medji est doué d'un esprit clairvoyant : il a nettoyé le désordre qui résidait en moi. Comme s'il avait dégagé tout un tas de gravats qui s'étaient accumulés à l'entrée de ma source intérieure. Me voici libre à présent. Et aujourd'hui, je suis devant l'autel et je choisis de dire un vrai «oui» à Martine, car je l'aime.

On s'embrasse, tout le monde applaudit. Le prêtre à la peau brune et luisante est indien, venu tout droit de Bénarès ; il chante quelques chants en sanscrit. On casse une noix de coco. José est là avec sa guitare. Tim et Martine, témoins de notre mariage, sont très émus. Tout comme Max, mon ami musulman, deuxième témoin. Le blanc en face, c'est le jeune père David Marie qui célèbre pour la première fois un mariage. Son regard s'arrête sur tout ce qui bouge.

Tim s'était beaucoup démené pour rendre belle sa grande propriété : il a mis tous les jeunes dont il s'occupe à contribution. Quatre hectares en cascade, sur lesquels quelques larges plateaux s'égrènent. Dans la vieille 2CV décapotable, décorée dans un style champêtre, Tim nous conduit, Martine et moi. Nous entrons chez lui par l'allée principale, suivi de tout le ballet de voitures. Chacun se gare comme il peut. Les invités nous rejoignent au fur et à mesure. Depuis la terrasse, nous voyons défiler successivement des fauteuils roulants, des costards cravates, Mozart qui a refait sa crête rouge pétant pour l'occasion, suivi de tous les amis punks de Martine, un peu impressionnants pour les autres convives. Arrivent ma mère, ma tante dans leur magnifique pagne violet et jaune flamboyant. Mon père, mes frères, mes sœurs, les sœurs de Martine, son père. Tout est simple, rien ne brille, mais il n'y a ici que des hommes et des femmes magnifiques. Le père Medji nous avait défendu de dépenser des fortunes pour notre mariage car, dit-il, on ne doit pas entamer une vie conjugale avec des dettes. Alors nos amis sont arrivés apportant une salade, du vin, le traditionnel gâteau à la broche des Pyrénées... Il y eut de la nourriture à profusion !

Ma mère et ma tante ont préparé un bon zamé à l'africaine pour réjouir tous nos convives. Damien vient régulièrement me voir pour me dire : « Azi, ze t'aime. Azi t'es beau ». Les sœurs de Martine la regardent avec une profonde admiration et avec reconnaissance. Le repas fini, surgit une angoisse : nous n'avons rien prévu pour la fête ! C'est alors que Damien et ses deux sœurs, Sarah, et Marie-Emmanuelle, elles aussi atteintes de trisomie 21, se sont approchés et se sont mis à chanter et danser. Pour certaines personnes, je me rends compte que c'est la première expérience du handicap, et des barrières tombent en elles. Les voix, les corps de Damien, Sarah et Marie chantent la vie. Nous les applaudissons. Aussitôt, Edwige et Virginie, deux autres jeunes filles handicapées, se placent au centre du cercle pour nous réciter une fable de Jean de la Fontaine. Elles ne déclament pas, elles hurlent : « La cigaaale ayant chanté tout l'été !!! » Le public est conquis, les applaudissements fusent.

De façon inattendue, Mozart avec sa crête rouge, entre dans le cercle, muni d'un diabolo. Les sourires s'effacent doucement des visages pour laisser place à l'inquiétude car le brave punk est un peu éméché. Il actionne mécaniquement ses deux baguettes en bois pour faire tourner son diabolo : « Eeh Mart', ma belle, bon, ça c'est mon cadeau pour toi, j'sais pas si je vais y arriver mais bon, c'est l'intention qui compte. » Le voilà qui agite de plus en plus vite la corde. Le diabolo accélère sa rotation. Dans ma tête, j'imagine le pire : s'il lance son diabolo trop haut et qu'il atterrit sur la tête d'un invité… Je croise le regard de Martine, qui sourit attendrie. Et le diabolo qui tourne de plus en plus vite. D'un coup, d'un seul, Mozart écarte ses deux baguettes, la corde se tend, le diabolo est propulsé à toute vitesse vers le ciel. Il monte à une hauteur incroyable, tous les regards se fixent là-haut. A cet instant, Mozart réunit les deux baguettes dans une seule main. Que va-t-il faire ? Le diabolo entame sa descente et va de plus en plus vite. Il se rapproche. Les visages se crispent. Mozart met son bras en arrière, dans son dos. Le diabolo est à deux mètres de nous. Mozart ouvre grand ses yeux, se dirige d'un pas vif vers le diabolo, déroule son bras avec les deux baguettes dans la main, la corde s'élance, et je ne sais par quel miracle, une boucle se forme pour venir se hisser dans la rainure du diabolo, Mozart raidit son bras et stop net la chute du diabolo. Une clameur jaillit de la foule tel un cri qui retentit : Mozart ! Nous nous ruons sur lui, on l'embrasse, on le félicite, on l'applaudit. Nos rires se transforment en fou rire. Ceux en qui demeurait encore quelque crainte face à la différence de ces jeunes punks sont définitivement apaisés. Martine est fière, car elle sait de quoi sont capables ses amis, capables d'aimer et d'être aimés.

Cyril, médecin cancérologue, vient ensuite au centre du cercle pour nous offrir un magnifique chant lyrique puis mon petit frère fait du rap. Et ainsi de suite durant toute la soirée. La fête a jailli de la foule, du plus faible, de notre humanité, dans toute sa palette. Sofiane m'en parle encore à chaque fois qu'on se voit : « Eh, Ladji ! Ton mariage c'était de la bombe ! »

Chapitre 18

L'Africain des Pyrénées

J'allais vivre l'amour de ma vie à Lourdes. C'est-à-dire abandonner Paris et le réseau naturel des gens de théâtre. Il a fallu un long discernement pour parvenir à cette décision qui non seulement, fut un choix de vie mais aussi un défi spirituel : après tout, qu'est-ce qui était le plus important ? Où allais-je mettre mes priorités ? L'Esprit Saint me taquinait en m'ouvrant la voie royale d'une carrière de comédien, pour me demander quelques mois plus tard, de tout sacrifier à ma vie amoureuse et familiale… Aujourd'hui, je réalise que le choix n'était pas si radical : la scène ou le mariage. Mais gérer une carrière artistique du fin fond de ma vallée était loin d'être évident.

Cette vallée, c'est aussi un coup de foudre ! Gamin des banlieues, j'ai vécu dans des cités quand même encerclées de campagne, mais la splendeur des montagnes est époustouflante. Le rythme des saisons nous réserve mille surprises. L'amour de Martine, la vie au naturel, m'ont donné confiance ; j'allais travailler. Autrement, sans doute. Mais fort de notre décision familiale, la vie me réservait encore des surprises.

La réponse n'a pas tardé : Marie-José Germain grande programmatrice dans le domaine du conte, a appris que j'avais déserté Paris et quitté la petite troupe avec laquelle je me produisais. Elle m'a immédiatement proposé de s'occuper de ma carrière. Je n'ai jamais manqué de travail. Après tout, sillonner la France à partir de Lourdes n'est pas toujours très simple mais rien n'empêche les déplacements. En choisissant de mettre le conte en avant plutôt que le théâtre, je suis seul en scène et donc moins dépendant d'une troupe. Ce qui ne m'empêche pas d'accepter de temps à autre de participer à un projet théâtral, ce qui m'enthousiasme toujours autant. Ma femme, mes deux enfants en souffrent un peu, comme toute famille d'artiste. Mais leur soutien est sans faille. Il nous appartient de trouver le bon équilibre entre mes engagements professionnels et ma présence auprès d'eux.

Dans ce choix, la force du conte a son importance : bien sûr, il y a des techniques, un savoir-faire, une pratique artistique propres au conte. Mais celui-ci recèle encore bien des aspects : le conteur est celui qui transmet une parole. Il vient murmurer, de bouche à oreille, quelque chose qui est de l'ordre du mystère.

Je n'ai pas le talent des Kouyaté, longue lignée de griots qui nous font voyager à travers le temps et les sentiments. Mais j'embarque à mon tour des enfants, des parents, des grands-parents dans mes contes. Je leur raconte des histoires à ma façon, histoires nourries de ce que je suis, un Africain des Pyrénées. J'élève des ânes dans ma vallée et je chante en bambara. Je marche sur les sentiers de randonnée et je raconte les longues palabres à l'ombre des baobabs. En fait, ce qui passe sur scène, c'est ma vie, avec tout ce que je suis, ma famille, ma foi, ma vieille violence aussi que j'ai muselée.

Si j'ai pu prendre à mon compte ces histoires venues d'ailleurs, résonnaient aussi en moi celles qui m'étaient plus proches, familières. Quelle ne fut pas ma surprise quand j'ai découvert que, bien sûr, je me retrouvais dans les textes africains mais aussi tout particulièrement dans les contes pyrénéens ! Il y a une familiarité entre le conte patoisant du village au fin fond des Hautes-Pyrénées et le conte bambara du fin fond de la brousse au Mali. Maintenant que je vis là-haut, ce sont mes montagnes. Et pour me dire que j'étais adopté, elles m'offrent les contes extraordinaires de ces vallées où seuls les plus vieux se souviennent encore des histoires.

Le conte, qu'il soit africain ou pyrénéen, est à chaque fois particulier et nous révèle quelque chose d'universel. Dans mes débuts de conteur, j'étais très attentif à respecter le conte africain : je suivais l'histoire et la forme « à la lettre », si on peut dire. Et puis je me suis approprié le conte petit à petit, je l'ai habité avec ce que je suis. J'ai pris le conte africain pour le faire vivre ailleurs, tout comme mon père avait été transplanté. Pour que le conte s'acclimate, il fallait élaguer, tailler, dépoussiérer, aérer… J'ai osé plonger dans d'autres univers, notamment le conte russe : il y avait les mêmes ingrédients. Il y a plus que des similitudes : il y a parfois des intrigues presque identiques, qui diffèrent simplement par le cadre culturel dans lequel elles se déroulent. Quelle surprise que de retrouver mes héros de la savane parcourant la taïga ! Mais, après tout, les contes véhiculent notre commune sagesse humaine : ces similitudes ne sont-elles pas compréhensibles ? Les contes sont le miroir de la société, miroir de l'homme, tel qu'il est vraiment. Nous avons des valeurs communes. Notre langage nous porte et nous accompagne sur ce chemin d'humanité. La parole est notre patrimoine universel.

Je suis parti à la rencontre des montagnards, de village en village. Nous avons commencé à parler, pour faire connaissance. Je leur ai demandé s'ils avaient encore des contes en mémoire. J'ai pu enregistrer leurs histoires. J'ai appris leurs dictons qui se mélangent avec mes proverbes africains. Autour d'un petit verre ou en empruntant les chemins creux, ils étaient tout heureux de ressusciter leurs contes. Mais en fait, c'est leur histoire qu'ils me racontaient. Nous avons noué des amitiés, établi des ponts : j'étais le Peul pyrénéen, l'africain des montagnes. L'autre que nous croyons si différent nous ressemble tellement !

Le conte ne fait pas de bruit, ou si peu. Il ne tient pas le haut de l'affiche. Et pourtant, il y a beaucoup de spectacles de contes, et un vrai public. Nous avons besoin de passer par des histoires. Depuis que j'ai commencé à conter, je rencontre des centaines de personnes, passionnées, avides qu'on leur partage quelque chose. Cette culture du conte peut paraître mineure mais elle connaît un tel retentissement qu'elle constitue une vraie sagesse populaire, c'est-à-dire partagée par le plus grand nombre. J'ai joué dans de grandes salles de spectacle, dans des salles des fêtes de village, dans la rue, dans des festivals de plein air… Et même des balades contées, avec des étapes, des marches de nuit… Je suis fasciné de voir à quel point la parole rassemble, à quel point nous avons besoin de la parole. Écouter, être écouté, laisser résonner avant même de raisonner.

Prendre le temps du conte. Si les enfants sont de vraies éponges, entrant avec une facilité étonnante dans les histoires, les adultes ne sont pas moins gourmands. Ils ratiocinent, il résistent un peu, opposent mentalement quelques réserves sur la vraisemblance du déroulement puis finissent par se laisser prendre par la main. Ils retrouvent leur âme d'enfant. Ils se mettent à l'écoute, et c'est si difficile de nos jours ! Abasourdis de toutes parts, nous « savons », nous connaissons tout, avons un avis sur tout… Entrer dans le conte, c'est entrer en confiance, en enfance.

Dans mon spectacle, je raconte souvent la légende pyrénéenne de « l'ours de l'Ardiden » : une légende intense en mystère et poésie. Un soir, une fois le récit terminé, j'ai entendu dans le public, une femme pousser un long soupir. C'était bouleversant ! Je suis à chaque fois touché de voir combien la parole rejoint quelque chose d'intime chez l'autre.

À la sortie d'un autre spectacle, une femme est venue me voir : « J'ai retrouvé la petite fille que j'étais, je me suis réconciliée avec elle », m'a-t-elle confié, sans que ce soit une histoire plus qu'une autre qui ait opéré ce miracle. Henri Gougaud, immense conteur qui fit une place au conte sur France Inter pendant des années, le dit bien mieux que moi : « L'importance d'une parole se mesure à la place qu'elle prend durablement en chacun de nous, à ce qu'elle fait bouger en nous, à la terre intime qu'elle remue et fertilise. »

Quelle richesse dans le conte… Et pourtant, ce n'est que la parole du pauvre ! Quand je me mets à raconter, il n'y a pas de « quatrième mur » décrit au théâtre comme cette cloison imaginaire qui sépare la scène du public : le conteur joue avec la salle, le public est partie prenante. Il y a entre les spectateurs et moi une proximité, une intimité qui se créée et que les personnes prolongent souvent en voulant parler avec moi après la représentation.

Nous nous inscrivons dans une histoire simple et concrète, même si elle est fantasmagorique. Il faut nous débarrasser des carcans, des apparences, des complications sociales. Le conte y invite. Les personnes handicapées aussi, qui sont devenues mes amies : de la même manière, elles nous allègent des faux-semblants pour nous laisser vivre en vérité. La rencontre de l'autre m'aide à me dépouiller de ces peaux-là. La vie proche de la nature aussi.

Au creux de ma vallée, quand je sors au petit matin de ma bergerie, je contemple la montagne. Cette démesure me ramène à ma propre mesure. Non pas à ma petitesse – inutile de se diminuer –, mais simplement à ce que je suis. La nature me remet à ma place. Dans cette immensité rocailleuse, je sais qu'il y a des chemins qui mènent vers d'autres, qui conduisent à la rencontre… De la même façon, le conte ouvre des sentiers dans nos sociétés, dans nos soucis quotidiens pour nous entraîner plus loin en humanité.

Chapitre 19

Passage de témoin

J'ai reçu les contes comme un formidable héritage. Ces histoires transmises de bouche à oreille depuis la nuit des temps, ont une valeur sacrée. À mes débuts, j'étais «religieusement» respectueux des contes, au point de n'en rien changer, de ne pas toucher une virgule. Religion figée qui n'était pas vivante ! J'ai compris que pour faire vivre le conte, il fallait se l'approprier, le faire sien. Sans doute comme notre foi !

J'ai trituré les contes : qu'est-ce que me dit celui-ci ? De qui parle-t-il : de moi ? de la société ? de mes ancêtres ? de mes enfants ? Ce que j'en comprenais avait son importance. Ce que j'allais en faire dépendait de ma propre réception. Et ma parole devait s'accorder, comme ma guitare. Actualiser le conte, ce n'est pas le transposer dans un univers abstrait, simplement pour donner un air contemporain : c'est le faire mien, le transmettre au public comme «mon» histoire, celle qui me touche, me saisit, me constitue. Ce qui m'a fait découvrir qu'il n'y a pas que le conte qui compte, mais aussi la parole du conteur.

De l'un à l'autre, l'histoire se transforme, s'enrichit. On entend ce que nous voulons bien… Et nous racontons ce que nous comprenons du récit. En y ajoutant un peu de nous-même. Plus je mets de moi-même dans le conte, plus il va être porté devant le public qui va, à son tour, l'adopter. Ce que j'apporte de personnel dans l'histoire pourra être plus ou moins voilé. Mais la rencontre entre le conte et mon propre récit va produire une histoire singulière. Une vérité de moi-même se glisse dans les mots ancestraux et le public sera touché par cette vérité intime.

Ce travail d'infusion du conte et de mon quotidien exige un travail d'écriture. Le conte traditionnel prend place dans un spectacle plus actuel. Les accents du conte se mêlent à d'autres expressions comme le chant, le témoignage ou ces petites histoires de tous les jours qui viennent bousculer notre quotidien. Dans mon spectacle « J'kiffe Antigone » par exemple, je raconte l'atelier théâtre au lycée avec mon pote Sofiane. Ce qui ne m'empêche pas de raconter Antigone, ce qu'elle nous dit aujourd'hui, en ajoutant encore des chants traditionnels. Quand j'entre en scène, je ne laisse pas ma vie dans ma loge. Je ne viens pas non plus raconter ma petite vie : je l'ordonne au sens du récit, je l'accorde à la grande vérité du conte. Mais j'y suis tout entier.

Souvent, des questions fusent : « Comment ? Tu étais musulman et t'es devenu chrétien ? Raconte-nous Ladji »

Il y avait au début, quelques personnes qui s'intéressaient à mon cheminement : « Quoi ? Tu étais un petit caïd de banlieue ? Tu ne connaissais pas l'Afrique ! » Je me suis retrouvé comme le chasseur de la préhistoire qui raconte en tournant la broche sur laquelle grille doucement une biche. Je raconte mon histoire. Je l'améliore au fil des occasions. J'y mêle encore des contes, qui font partie désormais de ma vie. Et j'ai porté mon témoignage de plus en plus souvent, notamment devant des lycéens. Un récit tout simple mais sans échappatoire.

Quand je raconte ma violence, il faut du concret : les coups de boule, les insultes, les rires idiots avec les copains… Ma vie est un conte : une enfance « tranquille », – c'est la situation initiale – mais il y a un événement perturbateur – la violence… Suivent les péripéties, le dénouement et la situation finale. Je ne suis pas fier de tout ce chemin sur lequel j'aurais pu me perdre, et c'est parfois difficile pour moi d'y revenir. Mais si ma parole peut aider certains à avancer, alors je dois prendre ce risque.

La paix, reçue de nuit dans une petite chapelle de mon adolescence, continue de se déployer et irrigue tout ce que je peux faire. Il y a des ponts lancés entre ce que je suis aujourd'hui et ce que j'étais, entre mon identité française, européenne et mes racines africaines, entre le théâtre, le conte et bientôt la musique… Je n'en avais pas forcément conscience dans les premières années, mais je suis heureux de ce chemin unifié, pacifié, qui est pétri de l'amour humain vécu avec Martine, de l'amour que Dieu me donne.

Je prends le risque d'être incompris. Je prends le risque d'exposer ma violence, ma découverte des larmes, ma foi chrétienne. Les personnes qui m'écoutent peuvent être choquées, émues, surprises, révoltées. Je leur dis ce que j'ai vécu, et cela les renvoie peut-être à leurs propres violences, même si elles sont moins explicites. Elles se trouvent confrontées à leurs cadenas intérieurs et je peux les déranger. J'ai eu de la chance : même s'il m'en coûte de raviver encore mes errements, je ne peux garder cette chance pour moi. Et peut-être puis-je inciter ceux qui le veulent à plus de simplicité, de liberté, de vie.

Je suis celle

Je suis la sœur de celui qui ne peut pas hurler
Je suis la lampe qui éclaire la loi du cœur
Je suis celle qui résiste au péché de l'homme
Je suis celle qui allume les yeux des aveugles
Je suis celle qui dit non à l'orgueil de l'homme
Je suis l'eau pure sur les mains souillées
Je suis le poing que brandit le résistant
Je suis les mots dans la bouche du révolté
Je suis celle qui aime jusqu'à donner sa vie

Extrait du spectacle *J'kiffe Antigone.*

Chapitre 20

La vie nous est donnée

Qui suis-je pour raconter ma vie, pour parler de la foi en Dieu ? Un conteur. Mon talent est dans la parole. Ma vie transformée ne peut rester langue morte. Ce que je dis vient à la rencontre des cœurs, et je suis le premier surpris. Les vrais témoins, je les connais : ils se nomment Jean Vanier, Tim Guénard… À mon petit niveau, j'essaie d'apporter quelque chose. Je peux rassurer les profs : vos élèves violents peuvent changer. Je crée des ponts entre chrétiens et musulmans, parce que je me suis converti sans jamais manquer de respect envers l'islam. Je parle au cœur des parents qui s'inquiètent de leur jeune encore indécis pour son avenir.

C'est mon histoire que je raconte, mais je ne témoigne pas de moi : je témoigne de cette force de vie qui m'a traversé, qui m'a relevé, qui est disponible pour les autres. Si j'accepte de parler de moi, c'est pour être un passeur de lumière. Je suis une fenêtre ouverte qui veut laisser passer la lumière.

Mais je ne me prends pas pour la lumière ! Ma seule responsabilité est de me connecter à Dieu pour laisser passer cette lumière qui vient d'ailleurs. Le reste ne m'appartient pas. D'ailleurs, chaque fois que je raconte mon passé, il me revient à la figure et j'apprends encore à me réconcilier avec le jeune ado violent et un peu bête que j'étais. Comme le dit le proverbe africain, « Le singe qui ne voit pas son derrière se moque des autres singes ». Je me méfie terriblement du témoignage prosélyte qui explique aux autres comment ils doivent mener leur vie.

Je ne suis ni un modèle, ni en mission commandée. J'ai tellement bénéficié de douceur et de respect que je n'ai aucunement l'intention d'imposer quoi que ce soit aux autres. Jésus m'a approché. Avec infiniment de délicatesse, Il me laisse croire que c'est moi qui me suis tourné vers Lui, dans la chapelle. C'est un peu vrai : Jésus ne s'impose jamais, même s'Il est par avance un océan de tendresse qui nous attend impatiemment.

Je ne veux pas prendre la parole sans remettre à Dieu mes rencontres. C'est ma manière de me placer sous son regard et aussi de lui demander de m'inspirer, pour ne choquer personne, pour ne pas paraître distant ou supérieur. Ce n'est pas de la fausse modestie : j'ai longtemps été gêné d'être mis en avant. Aujourd'hui, j'ai accepté que Dieu se serve de moi pour toucher les cœurs : ce serait prétentieux de ma part de refuser…

C'est le Père Joseph qui m'a sollicité pour un de mes premiers témoignages : je ne mesurais pas combien ma parole pouvait aider les autres. J'avais une vingtaine d'années, et il me demandait d'expliquer à des plus jeunes ce qu'avait été pour moi l'aventure d'un baptême à 18 ans. Cette rencontre, avant que je prenne vraiment le chemin de la scène et du conte, n'engageait à rien. Elle m'a profondément touché, faisant sentir que nous ne sommes pas propriétaires d'une parole publique : elle s'envole et devient ce que l'auditeur en reçoit. C'est une responsabilité et c'est aussi profondément touchant.

Mes interventions auraient pu ne pas dépasser les petits groupes de jeunes de Julos. Il se trouve que non loin de chez nous, à Lourdes, vivent Tim et Martine Guénard. Ils accueillent depuis des années des jeunes de passage, certains étant en difficulté ou en recherche, des groupes de scouts... Une foule de personnes que je rencontre avec bonheur. Oserais-je dire qu'ils nous réservent, à Martine et moi, une place privilégiée ? Ils sont vigilants, attentifs et nous accompagnent avec délicatesse depuis longtemps, comme ils l'ont fait avec beaucoup d'amour pour notre mariage. D'une certaine manière, ils sont aussi «notre famille». Il n'est pas rare que Tim me demande de sortir ma guitare. À chaque fois, je reprends une de mes premières chansons en bambara, «A kañi, a mañi». Le rythme clair de cette musique, calme, paisible, chaleureux crée souvent une ambiance fraternelle.

Il y a une dizaine d'années, le «Frat», un rassemblement annuel des jeunes cathos d'Ile-de-France, avait lieu à Lourdes. Les organisateurs se sont naturellement tournés vers Martine Guénard qui travaillait alors à l'OCH avec ma femme Martine. Face aux dix-mille jeunes assemblés, il fallait des témoins proches d'eux. Guillaume, polyhandicapé, s'est adressé à tous avec l'aide de son ordinateur. Il lance son doigt sur le clavier pour écrire lettre à lettre et s'adresser au public : « Bon-jour, je-suis-con-tent-de-vous-ren-con-trer. »

Après son témoignage exprimant les difficultés physiques, on me demandait de chanter pour laisser jaillir les blessures invisibles, les blessures du cœur. J'ai écrit une chanson, la deuxième de mon répertoire. Allais-je relever le défi ? Dans la basilique souterraine Saint-Pie X, je n'ai parlé que deux ou trois minutes pour résumer mon parcours. Et j'ai chanté. Les milliers de jeunes m'ont applaudi ! Ils ont chanté et étaient touchés au point de venir discuter avec moi à la fin du rassemblement. Ces jeunes qui vivaient en région parisienne me reconnaissaient comme un des leurs et en même temps, par la musique, ils sentaient que je pouvais leur révéler une source autre, intime, brûlante et rassurante… Il venaient à moi avec les espoirs fous de jeunes qui cherchent un enthousiasme.

Il y avait une personne handicapée de passage à Lourdes qui assistait à cette célébration : cette femme d'une quarantaine d'année, mère de famille, maman de quatre enfants, menait une vie « normale ». Elle s'est levée un jour et a été foudroyée, victime d'un *locked-in syndrom* : elle s'est trouvée enfermée dans son corps, incapable du moindre geste. Elle peut juste cligner des paupières. À la fin du spectacle, son infirmière est venue vers moi : « Annick voudrait vous dire quelque chose ». J'étais un peu perdu : je venais de faire chanter des milliers de jeunes, je planais. Et là, face à moi, cette femme clouée dans son fauteuil pour handicapé. L'hospitalière se met en face d'elle, et commence un étrange manège : Annick dicte lettre après lettre en clignant des yeux. Consonne – voyelle – consonne – consonne… Il faut du temps pour arriver au message, mais quelle densité dans ces lettres égrenées ! Ce que voulait dire Annick ? « La chanson m'a beaucoup touchée ». Elle ne pouvait pas bouger. Son corps était inerte, mais tout était dans ses yeux ! Ma chanson l'avait visitée dans sa prison. Les notes avaient passé la muraille de l'enfermement, et je suis sûr qu'elle dansait dans son cœur.

Lors de la dernière visite de Jean Paul II à Lourdes, j'ai été invité à chanter Marie lors de la veillée qui précédait son arrivée. Lors des deux évènements, des journalistes de la chaîne de télévision KTO étaient présents : ils ont voulu réaliser un reportage avec moi. J'avais quitté Paris, abandonné ma carrière de comédien, heureux de ma vie simple dans les Pyrénées… Et voici qu'une équipe de tournage vient passer trois jours dans mon espace familier ! Cet exercice m'a aidé à extérioriser encore mon histoire, en décrivant posément les différentes étapes de cet incroyable cheminement. Trouver les mots pour dire ce que j'avais vécu, en évitant les clichés ou les expressions qui pouvaient être mal interprétées : comment parler de la violence qui était surtout une ambiance qui me pourrissait la vie et les relations avec les autres ? Comment évoquer cette nuit à la chapelle sans aller jusqu'à dire que j'avais eu une révélation, voire une illumination ou une «apparition» ? Témoigner, ce n'est ni en rajouter, ni être inaccessible : c'est dire la vie telle qu'elle nous est donnée.

Chapitre 21

Les mots en musique

La chanson m'est venue avec le conte. La musique venait agrémenter le spectacle et j'ai tout de suite utilisé ce mode d'expression pour rythmer mes représentations. Mais la chanson s'est révélée aussi plus intense, plus intime. Ce que je pouvais exprimer par le chant rejoignait l'intériorité, faisait vibrer l'âme. La musique ouvre une dimension spirituelle, plus ou moins explicite, mais souvent perçue par les spectateurs. Sans que je parle de Dieu, voici que mes chansons touchent au cœur.

Tim Guénard a joué un rôle important. Une fois encore, il réclamait un refrain de son «musicien préféré» et je reprends, une fois de plus ma chanson. Un de ses invités reste ébahi, avant de retrouver la parole et de lâcher un flot de compliments. «Tim, je le verrai bien au festival !», finit-il par lancer. C'était Gérald Pagès qui a fondé en 1997 un «festival de la tendresse» en Avignon, parrainé par Juliette Binoche et rassemblant des philosophes, des psychanalystes, des écrivains… Rien à voir avec le festival de théâtre mais me voilà embauché pour interpréter ma chanson au Palais des Papes ! Avait-il perçu que ma chanson en bambara invoquait mes ancêtres, rappelait que les univers visibles et invisibles se rejoignaient, que les anges, envoyés de Dieu, veillaient sur nous ? Au milieu de cette assemblée d'intellectuels, il n'y avait pas d'autre issue : j'allais entonner ma prière en chanson…

Juillet 2004 : c'est en taxi que je suis arrivé devant l'imposante muraille du Palais des Papes. Le dédale de salles m'impressionne. Les festivaliers sont répartis de chaque côté de la salle du conclave, laissant une allée centrale qui mène à une tribune où sont installés les conférenciers. J'ai bien essayé de suivre les débats mais le trac m'empêchait de saisir les propos très sérieux. Il y avait là Boris Cyrulnik, Marcel Rufo, Christiane Singer… Quand vient mon tour, j'entre dans la salle de conférence en… fermant les yeux comme à mon habitude, ou presque. Je chante, je ne veux rien voir, je remonte l'allée centrale. Arrivé sur la petite estrade, je pose ma guitare, dit un conte en évitant encore le regard de l'assistance. Je n'en mène par large : je n'ai plus qu'à reprendre la guitare pour sortir et en finir. Remontant l'allée vers la sortie, je risque un œil et aperçois un homme figé qui me regarde fixement, en larmes. Je tourne la tête : de l'autre côté, une femme en pleurs. Je parcours du regard l'assemblée prise dans une émotion palpable. Je ne me suis pas rendu compte du temps qui passait : quand j'achève ma chanson, je suis encore au milieu du public. Les congressistes se lèvent et se mettent à applaudir. Je n'ai pas pu m'enfuir comme ça :

Gérald, qui m'avais invité, me pressa de questions et il fallut que je m'explique : «Nous avons besoin de savoir ce que dit ta chanson...» Ils avaient perçu, à travers quelques notes et un texte bambara la dimension spirituelle, sacrée que j'avais voulu y mettre. Ces grands penseurs discutaient depuis deux jours d'un thème éminemment compliqué : «Entre peurs et besoins, peut-on vivre sans tendresse ?» Ma chanson toute simple semblait leur apporter une part de la réponse.

J'aime chanter aussi dans l'intimité d'un petit groupe, comme lors des temps de prière que Tim et Martine Guénard organisent chez eux chaque jeudi soir, pour ceux qui le souhaitent. Jérémie n'est pas croyant mais comme tous les jeunes accueillis ici, il vient passer les cinq premières minutes. Je chante pour commencer. Et j'entonne encore «A kañi, A mañi». Jérémie se contrefout de la prière. Mais il ne sort pas et ne me quitte pas des yeux. Je sais qu'il traverse une période difficile mais j'ignore tout de sa vie. Et quand nous sortons du temps de prière, il s'agrippe à moi, me réclame un enregistrement de la chanson, même une simple cassette... En moi germait le projet d'un CD d'ici quelques mois et je lui en fait part. «C'est trop tard !», s'exclame-t-il. Il venait de perdre son meilleur ami dans un accident de moto : l'enterrement avait lieu le lendemain.

- Je ne suis pas croyant mais ta chanson m'a touché. J'aurais aimé l'entendre pendant la cérémonie.

- Si tu veux, je viens.

Je n'ai pas pris le temps de réfléchir : ma proposition a fusé. Il m'a serré dans ses bras, bouleversé, incrédule.

Il était le meilleur ami de ce garçon décédé : il fallait convaincre les proches du défunt. Le lendemain, nous sommes arrivés ensemble dans la maison familiale. Le choc du décès ne facilitait pas l'entrée en matière. Le père avait adopté ce garçon. C'était un homme grand, imposant et inquiétant, les yeux noirs derrière des lunettes sévères, le visage durci par le drame et le manque de sommeil. Jérémie lui fait part de sa requête : me laisser chanter pendant l'enterrement. En l'écoutant, je sens combien cette idée est saugrenue, déplacée. Le père fait non de la tête, oppose un refus net… Puis accepte que je joue là, tout de suite, devant la famille en deuil, à quelques heures de la cérémonie. J'ai chanté, la voix blanchie par l'émotion. Le père me regardait sans ciller. À la fin, j'ai posé ma guitare. J'ai attendu. Silence. Le père m'a regardé dans les yeux et m'a dit : « c'est une belle chanson. Tu restes à côté de moi aujourd'hui. »

Je suis resté à ses côtés à chaque minute. Au moment de bénir le corps, pour aller à l'église, pendant la cérémonie – durant laquelle j'ai chanté – au cimetière, dans sa voiture, avec sa femme, avec la petite amie du défunt… Mes notes étaient comme une caresse. Elles berçaient son âme meurtrie. L'homme fort qui donnait l'apparence de maîtriser son chagrin et la situation avait trouvé une petite porte pour laisser son cœur gémir. A kañi, A mañi…

Bien sûr, je crois à cette chanson. Je crois surtout que Dieu se sert de nous pour travailler à la paix, pour dire et redire l'amour. Il ne fait pas les choses à notre place : Il a besoin que nous participions à cette création qui se poursuit.

Nous avons une responsabilité dans la vie : notre rôle, notre travail est de nous ouvrir au désir de Dieu. Qui aurait pu parler au cœur de Jérémie, puis de ce père ? Ce n'est pas Ladji qui les a consolés. Mais c'est moi qui ai prêté ma voix pour murmurer quelque chose de la tendresse de Dieu.

Les mots d'un chanteur noir ne font pas peur : ils pourraient même être la risée d'une assemblée. Mais laisser résonner cette parole devient plus grand que la musique elle-même. Devant les dix-mille jeunes du Frat, avec les intellos du festival ou au milieu d'une famille en deuil, je sais bien que c'est Dieu qui me pousse. Je ne suis pas le seul artisan de ce qui se passe, et j'en suis certainement un des tous premiers bénéficiaires ! Car ces évènements me nourrissent plus qu'ils ne me coûtent. Ils me bouleversent et me comblent. Je n'ai plus qu'à rendre grâce : que c'est beau de voir comment le bon Dieu peut faire les choses.

Chapitre 22

Fils de lumière

C'est par les célébrations du Père Joseph que j'ai découvert la musique. Il y avait tant de douceur dans les mélodies cathos que les jeunes chantaient. Lors de ma première colo, je ne pouvais pas y participer : le jeune musulman restait dehors mais on entendait les refrains repris en chœur. C'était des chants d'amour qui me prenaient aux tripes.

Lors de mon retour à Julos l'année suivante, et puisque je préparais mon baptême, je pouvais naturellement participer aux messes et aux temps de prière. J'avais envie d'en être : José, qui avait appris le solfège, m'impressionnait : il m'a donné quelques conseils et je me suis mis à gratouiller un peu. Mais c'était une musique sensible : je jouais en arpège, pour faire couler les notes. Après la communion, il y avait souvent un chant méditatif qui se terminait simplement avec la musique, la guitare, la flute ou des mots murmurés : c'était très beau. Ces moments de recueillement m'ont fait découvrir la dimension sacrée de la musique. J'étais loin du rap que j'écoutais en sortant du lycée, que je n'ai pourtant pas délaissé : les musiques se conjuguent et s'accordent, nous nourrissent aussi de leur diversité !

D'année en année, je maîtrisais mieux l'instrument et je commençais à me balader avec la guitare. Pour continuer à venir à la colonie chaque été, j'ai passé mon BAFA, le brevet d'animateur indispensable pour s'occuper des plus jeunes. Je chantais volontiers. Je commençais à me constituer un petit répertoire très éclectique, allant des chants de messe à Tri Yann : je me souviens par exemple de *La ville que j'ai tant aimée* du groupe breton, une chanson délicate, forte, aux accents presque spirituels !

Quand on gratouille à dix-huit ou vingt ans, on compose aussi de petites chansons maladroites. J'avais tellement de choses à partager, la découverte de ma foi, les retrouvailles avec l'Afrique… Et c'est comme cela qu'est née ma première chanson « A kañi, A mañi » : j' y prie mes grands-parents que je n'ai pas connus, mes ancêtres si longtemps ignorés… En Afrique, avant les moments importants, on invoque les absents, l'univers invisible, les anges, les aïeux pour établir une sorte de communion entre ici-bas et là-haut. Cette chanson curieusement, à chaque fois que je la chante, me fait entrer avec ceux qui m'écoutent dans cette dimension spirituelle de la rencontre.

J'ai souvent repris des chansons écrites à partir de textes de grands mystiques : Dieu est amoureux, et les saints ont dansé pour Lui. Je suis touché, pris aux entrailles par ces mélodies et je chante souvent seul, comme une forme de prière intérieure qui me déborde. Je suis apaisé, porté par la musique dans un élan vers Dieu. Pourquoi ne pas partager cette prière ? Mais je ne suis pas capable de tout chanter. Il a fallu que je me constitue un répertoire pour pouvoir enfin enregistrer ce premier CD que tout le monde me réclamait : « Fils de lumière » a même été couronné par un prix[1] !

Bien sûr, je raconte des histoires, je reprends des contes, mais la chanson est d'un autre ordre : j'ai envie d'y parler de Dieu. Mes chansons sont d'un registre spirituel. Il est question de désir et d'absolu, d'amour, de relation intime avec ce Dieu qui habite même notre quotidien. La chanson se fait rencontre, avec les autres, avec Dieu. Dieu que je sens penché vers le monde, la main tendue pour être accueilli et entrer dans la vie de chacun. Son amour veut se donner.

C'est en tous cas ce dont je peux témoigner pour moi-même. Si je savais l'écouter, je crois qu'Il me ferait cette déclaration : « Voilà, Ladji, je t'aime et je sais ce qu'il te faut pour que tu sois heureux. Cela te demandera sans doute des sacrifices, des renoncements, mais veux-tu me suivre ? Veux-tu accepter mon projet pour ton plus grand bonheur ? Si c'est ce que tu désires, tu as juste à me faire confiance. Qu'est-ce qui te fait le plus exister ? Je sais ce dont tu as besoin. Si tu es prêt à accepter ce que je te propose, tu ne seras pas déçu. »

[1] Prix de musique spirituelle Pèlerin-La Procure 2011.

Parfois, je m'inquiète : comment être à la fois conteur, comédien dans les théâtres et chanteur catho dans les églises ? Si j'accepte le projet divin, je n'ai pas à me soucier du reste. J'en ai déjà eu la preuve : j'ai rencontré Martine et nous nous aimons à la folie. Mais me marier avec elle signifiait que j'allais déménager pour vivre à ses côtés, dans les Pyrénées et quitter la capitale. Comment mener une carrière de comédien loin de Paris ? Je commençais seulement à trouver ma place dans le milieu professionnel… Tous mes efforts allaient être réduits à néant. Heureusement, l'amour est plus fort : j'ai quitté Paris pour épouser Martine. Elle ne m'a pas lâché mais Dieu non plus ! C'était peut-être différent que ce qui m'attendait à Paris mais je n'ai jamais manqué de travail et je connais d'immenses bonheurs professionnels. «Ladji, qu'est-ce qui te fait fondamentalement vivre ?», me demande Dieu sans cesse.

Que ce soit pour partager ma foi ou dans les spectacles, j'ai pu grandir d'année en année. Les rencontres en chemin m'enrichissaient. À un moment, je cherchais un metteur en scène pour monter mon spectacle «Ma vallée, un truc de fou !» qui raconte notamment les Pyrénées : rien de religieux dans cette histoire… Voilà qu'un professionnel reconnu est sollicité par Marie-José, mon agent. Comme Alberto Garcia Sanchez ne me connaît pas, il est allé sur internet… Il est naturellement tombé sur l'émission réalisée par KTO, la chaîne catholique qui faisait surtout place à ma conversion et montrait très peu – deux minutes à peine – mon théâtre. Eh bien Alberto, doué d'une grande sensibilité, qui est loin d'être un catholique convaincu tout espagnol qu'il est, a été touché : « Écoute, la religion, c'est pas trop mon truc, mais ton histoire, ce que tu dégages, ce que tu partages, je me suis dit : c'est beau ! » Non seulement il a accepté de travailler avec moi, mais j'ai été ému de voir ma vie unifiée : oui, témoigner avec simplicité et sincérité de ce que je vis en tant que croyant n'empêche pas, au contraire, de mener ma vie d'homme, de comédien, de conteur.

Quel que soit mon travail, il se fonde d'abord sur l'émerveillement. Nous aspirons tous à la beauté, nous cultivons la contemplation… En tous cas, nous devrions toujours plus admirer. Admirer la nature, un soleil couchant, le sourire d'un enfant, la richesse d'une rencontre. J'essaie, par les mots, le spectacle, la musique, de partager un peu de cette beauté. J'essaie de transmettre à ma manière ce qui est grand, ce qui est beau, ce qui est divin même dans la représentation la plus profane qui soit. J'ai participé à un spectacle à Marciac : je devait incarner le rôle de Louis Armstrong aux côtés du comédien qui jouait Thelonious Monk. Très connu, Jean-Michel Martial est aussi un grand artiste. J'étais assez impressionné : il a une vraie présence, une voix extraordinaire… Avouons-le : les répétitions étaient pitoyables au début. Je n'étais pas vraiment à la hauteur, mais avec l'aide du metteur en scène, j'ai pu sauver les apparences. Le soir de la première représentation, j'ai tout donné. Et lui, Martial, lui qui avait le rôle principal, s'est tourné vers moi et m'a simplement dit : « Merci. T'apportes vraiment quelque chose de lumineux. » Comment c'est devenu possible ? J'étais dépassé, par le rôle, par mon partenaire sur les planches : je n'avais qu'à me mettre au service. Et ça marche.

Chapitre 23

Démons intérieurs

J'ai rendez-vous avec la beauté. La nature me réserve bien des surprises. Je n'ai pas grandi au contact des animaux. Aujourd'hui, je vis au cœur de la nature. Quand je me mets au milieu de mon champ, je suis cerné de montagnes. Allongé dans l'herbe, je ne vois que le grand ciel bleu et les sommets dentelés. Les nuages se métamorphosent et jouent dans le ciel. Il arrive souvent que surgissent les rapaces de derrière les montagnes. Ils se retrouvent deux ou trois dizaines, virevoltent au centre, puis se laissent porter par un courant d'air chaud, montent, montent plus haut dans le ciel, puis repartent en tourbillonnant.

Cet environnement de la nature me touche. J'ai adopté un grand âne noir des Pyrénées. Avec lui, je me lance dans de belles randonnées. Il est costaud, a la réputation d'être têtu comme tous les ânes, et pourtant... C'est un bon compagnon. De loin, il m'appelle pour que je le sorte de son enclos. Dès que j'entre dans sa pâture, il vient vers moi, pose sa grosse tête sur mon épaule pour que je lui caresse l'encolure. Et nous faisons ensemble de sacrées virées. Quand je m'arrête, il s'arrête. Quand je repars, il repart. De lui émane une force tranquille, apaisante.

La nature participe à la beauté. Mais il y a aussi des beautés cachées, insoupçonnées auprès desquelles on peut passer sans s'arrêter. Je parle de cette beauté du cœur, du cœur de l'homme. Que se passe-t-il quand le gars de banlieue fraîchement débarqué de sa capitale croise un paysan pyrénéen ? Nous avons des tas de choses à nous dire ! Mais il y faut du temps. Il faut s'approcher. L'homme bourru et son accent rocailleux, clope au bec, barbe de plusieurs jours… Il a l'air enfermé sur lui-même. Un taiseux, un renfrogné ? Plutôt un sage. Il roule sa cigarette entre ses doigts, humecte des lèvres le papier fin. Il ne dit rien, pas grand-chose, prend le temps. Voilà ce qui nous manque trop souvent. Nous croyons savoir, nous croyons connaître. Lui m'a appris le temps. J'ai appris à ne pas alimenter la conversation comme si c'était une locomotive à vapeur dont il fallait bourrer la chaudière à charbon jusqu'à la gueule… Et c'est pas évident pour un bavard comme moi ! J'aime ce bonhomme. Avant même de nous dire bonjour, de nous saluer, simplement il me regarde. On échange une phrase puis il laisse le temps. Il réfléchit à ce que nous allons dire, ou il regarde à l'horizon. Nos paroles économes prennent de l'épaisseur, de la densité. On ne parle pas pour ne rien dire, même si nous échangeons des banalités. Mais ce n'est pas par peur du silence, non : c'est la vie qui s'étire. Cet homme-là, c'est la voix des Pyrénées qui me parlent et me révèlent une part de l'histoire de l'humanité.

Les aigles, mon âne, la rencontre de mon voisin de vallée… Je voudrais encore associer à la beauté la naissance de mes enfants. Donner la vie est un rendez-vous avec la beauté. Qu'un être puisse se préparer dans le ventre de sa maman est à la fois un mystère et un émerveillement. Ce qui m'a le plus troublé dans mon existence, c'est bien cet événement d'un petit qui s'annonce, qui va entrer dans la vie et dont je suis, avec sa mère, responsable. Chaque père trouve le chemin vers son enfant. Alors que Martine était enceinte, je jouais déjà de la guitare pour le petit lové en elle. À la maternité, je jouais encore de la guitare. Et j'ai tout de suite senti qu'il connaissait, qu'il me reconnaissait. Viennent les mois, les années d'émerveillement familial. Une fois encore, faire grandir la vie, c'est faire jaillir une beauté du cœur dans le monde.

Ce qui n'empêche pas les difficultés : mes enfants sont aussi le miroir de ce que je peux être… Et leur présence qui diffuse de l'amour, réveille aussi en moi la part de ténèbres qui m'habitent encore, la violence dont on n'est jamais vraiment sorti. Celle-ci peut revenir au détour d'un banal incident de la vie quotidienne. Nous avons dû changer la boîte aux lettres trop vétuste mais il se trouve que la clé s'est cassée dès les premiers jours. Je suis allé voir le serrurier pour lui faire part de notre souci. Quand j'entre dans la boutique, je ne le sens pas très ouvert, ce qui ne m'empêche pas de lancer un « bonjour » plutôt léger, jovial. Je lui soumets notre petit problème et voilà qu'il le prend de haut et me réplique : « Ouais, ouais, ne me prenez pas pour un con… Vous avez forcé et voilà le résultat. »

Eh ? Comment il me parle, lui ! Instantanément, j'ai senti la colère monter en moi. « Ce n'est pas parce que le tronc d'arbre est resté longtemps dans l'eau de la rivière qu'il devient un crocodile » : autrement dit, je ne change pas ! J'ai haussé la voix, m'adressant à lui en le tutoyant, en montrant mes muscles… J'étais entré dans une colère sombre et je voyais ce dont j'aurais pu être capable, renverser le comptoir, lui donner un coup de boule… Mon œil a vrillé, la tension a monté, la violence était à fleur de peau. J'aurais pu exploser et il me fallait faire un grand effort pour ne pas céder à cette montée d'agressivité. Il s'en est fallu de peu et je crois que mon interlocuteur a senti qu'il était allé un peu loin. Il s'est radouci et nous avons pu à peu près régler le problème entre gens civilisés…

Si je raconte l'anecdote, c'est parce que j'en ai tiré plusieurs leçons. Tout d'abord, j'étais profondément déçu d'être accueilli avec agressivité par cet homme alors que j'étais plutôt bien disposé : si la serrure avait cassé, je n'accusais personne, je cherchais juste une solution. J'avais baissé la garde et je n'ai pas senti venir cette agressivité. Deuxième leçon : je suis encore prompt à m'enflammer… Il n'avait pas fallu grand-chose pour réveiller en moi cette colère destructrice : remontait à la surface cette époque où je cherchais l'affrontement. Ce jour-là, je ne l'avais pas cherché mais tout mon corps y répondait. L'attaque avait mobilisé ces forces mauvaises encore tapies en moi. Je le sais et je dois y prêter attention pour ne pas me laisser déborder. Troisième leçon : je n'ai pas cédé à la violence. J'étais content de cette victoire qui était d'abord une victoire sur moi-même et mes vieux démons. Ce n'est pas la première fois que je suis contrarié, que je sens la violence monter en moi : sentir que je suis capable d'éviter ce recours à la force est une vraie satisfaction. Mais aussi un appel à la vigilance.

Ce n'est pas plus facile avec ceux que nous aimons. Même dans la relation amoureuse, nous devons être particulièrement attentifs. Ce qui nous relie, c'est l'amour que nous nous portons l'un à l'autre. Cette relation n'est pas un lien de filiation mais un choix toujours neuf. Il nous faut mettre des mots, entretenir cette flamme : c'est un travail perpétuel. Évidemment, nous nous connaissons de mieux en mieux. Mais qui n'a pas oublié un jour de dire «je t'aime» ? Ce qui n'est pas dit aujourd'hui est perdu à jamais : personne ne pourra le rattraper. Je le sais, j'ai parfois tendance à m'enfermer : l'ours des Pyrénées n'est pas toujours dans les montagnes et peut prendre l'apparence d'un mari, d'un père de famille présent mais qui n'est pas vraiment là... Ne dramatisons pas : il y a moyen de régler les soucis. Le dialogue permet de «faire le point», c'est-à-dire de «pointer» les moments de la vie conjugale qui pouvaient être mal vécus. Il en est de l'amour entre les êtres comme de notre relation d'amour avec Dieu : ça s'entretient !

Qu'est-ce que je fais de cette réalité intérieure, de ces mauvais réflexes si profondément enracinés en moi ? Je travaille la question ou je baisse les bras ? J'ai souffert de carences d'amour et la blessure, si elle peut s'apaiser, laisse quand même une cicatrice. Ce n'est pas aux miens, mes enfants, mes proches de régler le problème : à moi d'apprivoiser, d'assumer mes fragilités. Et peut-être de savoir prendre avec humour ce gaillard imparfait que je suis encore et que je risque d'être bien longtemps !

La sagesse populaire dit que nous donnons ce que nous avons reçu : mais je sais qu'il est possible, par une grâce inouïe, de donner de l'amour même quand on n'en a été privé à un moment. Oui, ne plus avoir peur de mes fragilités ne les efface pas mais me fait grandir intérieurement. Et me rend plus libre, pour aimer ma femme, mes enfants d'un amour profond.

Ce n'est pas un chemin évident : c'est très difficile de dire aux gens qu'on les aime. La première fois que j'ai dû dire « je t'aime » à mes enfants, cela a vraiment été un défi. La violence m'a forgé trop longtemps. Dire son amour, c'est se présenter sans armure, sans défense. J'avais pris de mauvais plis, toujours prêt à riposter : il me fallait détordre un mode de relation faussé. Et si j'ai ma part de responsabilité, tout ne vient pas de moi... Il y a malheureusement beaucoup de violence encore dans notre société. Il suffit parfois d'un regard de travers, d'un mot mal compris, d'une provocation gratuite, pour qu'affleure l'agressivité et qu'explose même la violence.

La violence provoque la violence et réveille en nous des réflexes agressifs. Heureusement, nous pouvons résister à cette montée de violence mais il vaut mieux toujours la tenir en respect, et ne pas s'imaginer qu'elle est uniquement chez l'autre, que nous sommes innocents et que cela ne nous regarde pas. C'est ensemble que nous pouvons contenir la violence et petit à petit l'extraire de nos relations humaines.

Etty Hillesum qui est morte gazée à Auschwitz par les nazis, a vécu la guerre, les camps et refusait pourtant d'entrer dans ce cercle vicieux : « J'ai senti de tout mon être que le moindre atome de haine ajouté à ce monde le rend plus inhospitalier encore. » Le chemin de la paix est dans cette direction : ne pas ajouter de la violence à ce monde qui en génère déjà beaucoup…

Certains dénigrent les hommes politiques, refont le monde en dénonçant les conflits au Moyen-Orient, en Afrique… Ils n'ont pas tort mais c'est ici, dès maintenant que se joue l'avenir de la paix. Les autres ne sont pas nés d'un ours, ils ne sont pas monstrueux même si leurs actes peuvent l'être. Ils sont comme chacun d'entre nous, pris au piège de la violence et des ténèbres. Si leur part de beauté pouvait surgir enfin, revenir à la surface de leurs jours ! Et ce que nous pouvons souhaiter pour eux, vivons-le déjà nous-mêmes dans nos familles, nos relations, nos villages.

Sollicité par quelques villageois, je me retrouve conseiller municipal de ma petite commune, 250 habitants au total : même à ce niveau, il nous faut veiller à « vivre ensemble », à entrer dans ce respect mutuel qui permet à tous de se sentir en paix. La paix là-bas, à l'autre bout des mers, sur des terres inconnues, dépend de ce que je vis ici. Chaque acte a une conséquence sur le monde. En affirmant cela, je passerai pour naïf ou fou, qu'importe : nous avons le choix de bâtir le monde avec des atomes de paix ou des atomes de violence : à chacun de choisir…

Il y faut beaucoup de patience, d'écoute, de dialogue, à commencer dans le couple et la famille. Cela oblige à reconnaître ses torts… Mais accepter de ne pas être toujours à la hauteur est essentiel, alors même que nous cherchons toujours à renvoyer une image positive.

Jésus nous a prévenu de ce risque avec des mots impitoyables : « Malheureux êtes-vous, scribes et pharisiens hypocrites, parce que vous ressemblez à des sépulcres blanchis à la chaux : à l'extérieur ils ont une belle apparence, mais l'intérieur est rempli d'ossements et de toutes sortes de choses impures. C'est ainsi que vous, à l'extérieur, pour les gens, vous avez l'apparence d'hommes justes, mais à l'intérieur vous êtes pleins d'hypocrisie et de mal. »[1]

J'aime me placer sous le regard de Dieu. Je m'interroge : quelle attitude avait Jésus ? En lisant l'évangile, j'épure ce reflet de moi-même pour gagner en sincérité, en clarté, en vérité. En liberté aussi, vis-à-vis de toutes les pressions, des attentes des autres. Le comédien, le conteur,

1 Évangile de Matthieu 23, 27-28 (traduction © AELF)

celui qui accepte de témoigner est évidemment placé sous le regard des autres qui renvoient généralement une image réconfortante, voire même élogieuse. C'est une joie mais ce peut être aussi un piège… Le regard aimant de Jésus ne me lâche pas et il m'aide à reconnaître que parfois, je loupe quelque chose. Nous ne sommes pas tout-puissants, nous sommes le résultat de nos talents et aussi de nos fragilités. Le reconnaître nous rend plus serein et plus humain.

Chapitre 24

Rencart avec Dieu

Quand j'étais caïd dans ma banlieue, les gens me regardaient et changeaient parfois de trottoir… Aujourd'hui encore, leurs regards apeurés hantent ma mémoire. Avec ma conversion, j'ai eu le sentiment de perdre de mon panache. C'est un long travail de se construire, de laisser germer sa personnalité, d'exister sans avoir besoin de s'imposer coûte que coûte.

Une des voies qui aide à se réconcilier avec soi-même passe par l'humour. J'aime bien la formule du prêtre écrivain Joseph Folliet : « Bienheureux celui qui sait rire de lui-même, il n'a pas fini de s'amuser ! » Mes frères et sœurs s'amusaient de mon nom et j'ai appris à en rire aussi. « Ladji », c'est issu de la formule arabe « El Hadj », c'est-à-dire « celui qui a fait le pèlerinage à la Mecque ». Autrement dit, pour notre communauté, « le sage ». Combien de fois mes proches se sont amusés à m'interpeller quand je me faisais donneur de leçon… Eh ! Ladji !

Quand on me demande de raconter mon histoire, lorsque je parle de ma foi, je veille à ne pas donner de conseils : qui suis-je pour dire aux autres ce qu'ils doivent faire ou vivre ? Mais peut-être ont-ils besoin d'une parole, d'un geste. Je ne sais pas ce que l'autre attend, mais je peux me mettre au service, en étant simplement moi. Je reçois tant de beauté, d'amour, qu'une part peut déborder peut-être pour ceux que je croise. Dieu ne passera que si je suis en paix avec moi-même, sans faux semblant, sans truquer les apparences. Dans cette attitude, je ne maîtrise rien : je Le laisse agir dans la rencontre possible.

Si je ne m'impose pas, cela ne m'exonère pas de la responsabilité d'aller vers les autres : si je vois quelqu'un en difficulté ou un ami qui se trompe, il est de mon devoir d'intervenir. Laisser Dieu agir, ne rien programmer, ce n'est pas rester en dehors de tout, zen et égoïste. Dieu dérange. Jésus n'était pas un tendre naïf pour qui tout était égal : à sa suite, je peux aussi interpeller mes frères humains. Et sans avoir peur d'écorner mon image du gars gentil, me voilà parfois poussé à dire une parole qui dérange. Être catho, ce n'est pas être mou. La tendresse de Jésus n'est pas un renoncement : c'est une force inégalée qui vient nous prendre avec un respect infini.

On ne construit pas avec des mots mièvres mais avec des paroles fortes. Jésus nous invite à ce conseil auprès de nos frères : « Si ton frère a commis une faute contre toi, va lui faire des reproches seul à seul. S'il t'écoute, tu as gagné ton frère. »[1] Quelle responsabilité ! J'ai expérimenté cette « heure de vérité » quand je suis allé discuter avec l'un ou l'autre proche dont l'attitude ne me paraissait pas juste. Mon intervention aurait pu nuire à notre relation ; elle a toujours renforcé les liens. C'est comme une source encombrée d'herbes folles et de sable : il faut dégager la source et l'eau s'écoule plus claire et plus vive.

Encore une chose : je ne prétends pas détenir la vérité et l'autre, différent, m'apporte toujours. La vérité, elle est à Lourdes avec les malades, dans la prière à la grotte. Elle est aussi dans la chapelle de la colo où j'ai vécu ce retournement du cœur. Elle est aussi dans la prière de mon père quand il s'est rendu à La Mecque. Moi, enraciné dans ma foi chrétienne, lui habité de sa foi musulmane, nous avons parlé comme un fils à son père : c'était notre vérité à tous deux. Vérité encore quand j'ai entendu ce matin-là, au bord du Gange, un chant au dieu Rama qui montait d'un temple hindou. Les mots en sanskrit, cette langue vieille comme le monde, nous mettaient, le sadhu et moi, et d'autres autour encore sans doute, en lien avec l'indicible. La vérité est forte et souple, jamais rigide ni blessante. Elle est vivante, elle nous échappe. Nous la cherchons, elle se cache et nous inspire. J'aime cette quête qui vivifie l'existence. Je suis touché par cette parole de Jean Vanier : « la religion peut nous couper des autres ou nous ouvrir à eux. En ouvrant nos coeurs à Dieu et à l'autre, nous découvrons comment nos différents chemins nous conduisent

---

[1] Évangile de Matthieu 18, 15

à la vérité, à la compassion et à Dieu. Nous contemplons la beauté de chacun et celle de nos différents chemins qui nous mènent vers la paix.»

J'ai une chance inouïe d'être arrivé à Lourdes : c'est une grâce qui m'accompagne chaque jour, un cadeau du ciel. Non seulement c'est le lieu de ma conversion, mais c'est aussi le lieu de la rencontre. Rencontre de l'autre, de celui qui est fragile. Rencontre de Martine, ma femme. Rencontre de Dieu présent dans nos diversités, nos sensibilités. Lourdes est une invitation à la prière, au recueillement. Devant la grotte, je ressens toujours le même apaisement, une sorte de ressource maternelle, douce et enveloppante. Devenant chrétien, j'ai le bonheur d'être à la source. Lourdes est un pilier, solide et familier. J'ai l'impression d'être là où je devais être. Ayant choisi cette vie, j'ai tout à disposition. Pendant la saison des pèlerinages et avant que nous ayons les enfants, je descendais facilement à la grotte le soir, pour la messe de minuit. Dans la nuit profonde, c'est une nourriture, un refuge bouleversant, coincé entre le cours du Gave qui descend dans la vallée et la solidité du roc.

J'aime cette proximité, cette communion avec des croyants venus du monde entier. J'écoute les histoires, je rencontre les hommes, les femmes, les enfants, les malades, les personnes âgées, les hospitaliers… Toute personne est sacrée. Quelle émotion de croiser ces Indiens chrétiens ou hindous qui ont économisé toute leur vie pour venir à la grotte ! Comment ne pas être impressionné par la ferveur de ces Italiens qui viennent chaque année pour vivre leur foi, profonde et… bruyante ! La procession aux flambeaux qui met tout ce peuple dans une même démarche rappelle notre filiation céleste. Lourdes, c'est l'autre réconcilié : personne ne doit être exclu, chacun est attendu, ici. Alors, le temps s'arrête. La vie reprend toute sa place. À Lourdes se vit l'essentiel, pourvu qu'on sache se rendre disponible, ouvert à cette grâce unique : Dieu nous a donné rendez-vous.

L'hiver est aussi une période précieuse. Il n'y a presque personne, quelques rares pélerins qui errent sur l'esplanade de la basilique. Le Sanctuaire est endormi et j'aime cet espace vide. Dans le silence bruissent encore les prières des milliers de pèlerins qui sont passés durant les mois d'été. Le lieu reste une source et je peux m'y retrouver, seul. J'entends les pas des pèlerins résonner sur l'asphalte : ils sont rentrés chez eux, mais sont encore ici, d'une certaine manière. J'entends les prières, les pleurs. Combien de personnes viennent à la grotte, s'agenouillent et pleurent, pleurent… Les cœurs sont retournés. Les larmes deviennent fontaine de réconciliation, de vie. Lourdes raconte une histoire dans laquelle l'humain est relié à plus grand que lui. Les murs, le sol, la roche, l'eau, transpirent de cette dimension divine.

Marie est ici la mère de tendresse qui vient consoler ses enfants. Je retrouve à Lourdes cette grande tendresse intérieure qui m'a habité pendant la nuit avec Jésus à la chapelle de la colo. Je demande souvent à Marie de venir guérir le petit enfant que je suis à l'intérieur. Jésus a connu cette relation avec sa maman, c'est prodigieux ! Elle est aujourd'hui mère pour nous tous, et pour chacun. Marie est présente à chaque page d'évangile, même si elle n'est pas citée, et elle le laisse au centre, Lui. La délicatesse de Marie me touche.

Chapitre 25

Le trésor de la vallée

Les gens d'ici sont des terriens. J'ai appris à les adopter comme des frères. Ne riez pas : je me sens de leur lignée désormais. Quand l'étranger arrive sur une terre nouvelle, c'est à lui de faire le premier pas, de s'intéresser aux gens qui deviennent ses proches, ses voisins. Avec Martine, nous avons acheté une grange, un peu à l'écart du village, dans la vallée de Batsurguère. Nous avons frappé aux portes pour nous présenter. Nous avons dit qui nous étions. Et les paysans qui vivent dans la vallée depuis toujours étaient touchés que nous venions vivre sur une terre qui n'est pas la nôtre. Nous nous sommes apprivoisés.

Et bientôt, ils m'ont demandé de donner un spectacle au village : mais quel public ! Dire des contes à ses voisins, au paysan du coin que je croise sur le sentier, au maire. Les deux cents billets étaient en vente trois semaines avant la représentation. Tout a été raflé. Il n'y avait plus une seule place : la salle était pleine à craquer. «On va voir le monsieur qui va nous faire rire», disait une vieille voisine qui n'a jamais mis les pieds dans un théâtre.

Les habitants des cinq villages alentours étaient réunis. Nous avons passé un formidable moment. Et s'ils croient que je leur ai donné quelque chose, ce sont eux qui m'ont fait un formidable cadeau : je suis désormais l'enfant du pays. Je ressuscite leur patrimoine : voilà que le grand gaillard venu d'ailleurs leur raconte les histoires entendues de la bouche de leurs grands-parents devant la cheminée ! Je viens leur rappeler qui ils sont. Et leur révéler qu'il y a dans la vallée un trésor, et nous pouvons nous le partager…

Ce n'est pas moi qui suis à l'origine de cette découverte. Bien sûr, le conteur sait, puisqu'il raconte les histoires. Mais je pose beaucoup de questions aussi. Et ce sont les voisins qui m'instruisent. Un fermier vient mettre ses vaches dans mon champ, tout prêt de la maison : c'est un arrangement entre lui et moi. Mais c'est beaucoup plus que cela. À chaque fois qu'il vient voir son troupeau, je ne peux pas m'empêcher de sortir pour aller discuter, voir comment il redresse un piquet, déplace un autre. Il m'apprend beaucoup sur les vaches. Moi, le gars de Paris, je sais maintenant qu'une vache, ça réfléchit ! Quand l'herbe de leur enclos est rase, le paysan vient élargir leur espace. Mais j'ai vu une vache lorgner sur l'herbe grasse inaccessible. Sous des airs innocents, elle ruminait son coup. Je l'observais, sentant bien qu'il se préparait quelque chose.

Elle allait tenter une opération, prendre une décharge électrique en forçant le passage ou que sais-je ? Eh bien, elle a tout simplement pris son élan, couru jusqu'à la limite et sauté par-dessus le fil de fer pour s'échapper ! Jamais je n'aurais imaginé une vache placide capable de réfléchir à un « plan », et surtout capable de sauter comme un cabri par-dessus l'obstacle…

C'est de l'ordre de l'évidence : comment expliquer que ce contact avec la nature est joyeux ? J'ai beaucoup de bonheur à vivre au rythme des saisons, de la nature, de la vie.

J'ai un âne

J'ai un âne. Oh, attention ! Pas n'importe quel âne,
un âne des Pyrénées, s'il vous plaît.
Tout noir comme moi,
le bas du ventre, le nez et la bouche blancs.
Le poil ras, brillant, plus de 1,30 m au garrot,
un magnifique mâle d'âne.
J'ai un âne, la longe dans mes deux mains,
je tire pour qu'il avance.
Il freine des quatre pieds. Mais ça va pas ça !
C'est qui le maître ici ? C'est toi ou c'est moi ?
Mes deux mains sur son croupion, je pousse, je pousse,
je pousse, il reste là.
J'ai un âne : bon, sur la vidéo,
ils disent que pour éduquer un âne, il faut penser âne.
Je le regarde, il me regarde.
À quoi tu penses, à quoi il pense, à quoi je pense,
à quoi nous pensons ? Mais oui, bien sûr !
Tu ne me connais pas, c'est ça ?
Dès le premier jour, tu ne vas pas marcher
avec n'importe quel inconnu qui passe.
Je me présente. Je lui dis comment je m'appelle,
je lui raconte ma vie, je lui fais tout un bla-bla, et à la fin,
je lui fais signe d'avancer. Ça ne marche pas !
J'ai un âne. Bon, on ne va pas s'énerver,
surtout que, dans la vidéo,
ils expliquent qu'il ne faut pas s'énerver.

Pourquoi ?
Parce que l'âne sent les mauvaises ondes
et que cela le bloque, le stresse.
Ils disent que l'âne cède à la persévérance
et non à la force.
Ils disent aussi que, pour donner un ordre à un âne,
il faut un son clair et tonique.
Par exemple, pour avancer : « Allez huuu ! »
Par exemple, pour s'arrêter : « Allez ho ! »
Essayons :
Allez huuu ! Insistance.
Allez huuu ! Persévérance.
Allez huuu ! Confiance.
Allez huuu ! Insistance…
Ça y est ! Il marche !
Il met une patte devant l'autre : il marche !
Quelle élégance, quelle allure ! C'est ça, la confiance !
J'ai un âne, un âne des Pyrénées qui marche,
qui s'arrête.
Nous allons pouvoir découvrir
tous les sentiers des Pyrénées. C'est parti !

Extrait du spectacle *Ma vallée, un truc de fou !*

Chapitre 26

La Parole nous bouscule

Le conte permet de mettre en lumière une leçon de sagesse. L'auditeur se laisse prendre par la main. L'histoire s'écrit sous ses yeux, elle est vivante. Peut-on user de la même technique pour parler de Dieu ? Je n'ose pas franchir le pas. Mais parfois, lors d'une célébration, j'ai envie de dire au célébrant : « Attendez ! On recommence… » L'évangile est une parole vivante ! Il faut l'incarner, la laisser résonner. Nous pouvons dresser d'une autre manière un tableau d'évangile, « montrer » les gens autour de Jésus, sentir la cohue du marché… Comment transmettre Dieu si ce n'est en le rendant « présent » ? Peut-être un jour je me permettrai de saisir le texte biblique, tout comme je fais pour un conte ou pour raconter la vie d'un saint comme Charles de Foucauld.

L'Ancien Testament est riche de textes d'une force étonnante. Et j'aime beaucoup les relire. Les personnages sont des héros qui me touchent ! Abraham n'a pas d'enfant, il vieillit sans descendance : chez lui comme en Afrique, on peut vraiment se dire qu'il est maudit ! Mais voilà que Dieu le sauve, lui donne un fils. Pourquoi ? Pour lui réclamer Isaac en sacrifice quelques années plus tard. Il y va fort quand même ! Quand Abraham est prêt à égorger son fils, Dieu l'arrête : heureusement ! Mais le pire, c'est que l'histoire se reproduit… À un autre niveau, bien sûr, mais c'est comme cela que j'ai ressenti ma carrière de comédien que je devais sacrifier à Paris pour épouser Martine à Lourdes : est-ce que c'était ce que Dieu voulait ? C'était très flou, un combat intérieur déchirant : qu'allais-je devenir ? Pourquoi tout larguer alors que je croyais que le théâtre était ma vie ? Je ne pouvais pas comprendre, c'était comme « voilé ». C'est seulement quand je me suis jeté à l'eau que j'ai pu comprendre. Croire, c'est faire confiance. Dès que j'ai lâché ce que je devais sacrifier, Dieu m'a donné bien plus que je n'aurais pu imaginer !

La Bible peut paraître violente : c'est cash avec Dieu ! Il suffit de relire la Genèse : pourquoi Dieu plante-t-il cet arbre de la connaissance au milieu du jardin ? Il sait bien que c'est, pour Adam et Ève, une tentation terrible ! Mais comment poser autrement cette question d'un Dieu fou amoureux de l'homme : « Est-ce que tu acceptes de dépendre de moi ? » Si oui, tu as tout SAUF l'arbre. Si tu croques le fruit, tu veux te suffire à toi-même et je ne peux plus rien pour cette relation de confiance refusée. À chaque fois que je ne compte que sur moi seul, j'enténèbre ma journée. Je crois tout maîtriser mais je meurs à petit feu. Si je reconnais en Dieu la source de ma lumière, alors j'entre dans une fécondité surprenante.

Dieu est un maître de pédagogie : quand il intervient dans l'histoire des hommes, c'est « brut de décoffrage » : il n'y va pas de main morte avec le peuple d'Israël ! Mais la logique des hommes n'est pas celle de Dieu. Le pauvre Job en sait quelque chose, lui qui est pieux et qui pourtant va se trouver ruiné, malade, abandonné de tous. Quand je parle de Dieu devant des centaines de jeunes ou un auditoire confortablement installé, je n'oublie jamais mon frère Job. Je parle de ma foi, je veux semer la paix, la confiance, l'amour des autres et c'est ce que je dois faire. Pour autant, ma vie n'a pas plus de prix que celle du paysan – j'y reviens toujours – qui mène ses quelques moutons en pâture et ne croit même pas en Dieu !

Mais alors pourquoi croire ? La foi n'est pas une assurance tous risques, mais bien une attitude intérieure. La foi ne va pas me préserver de l'accident ou de la maladie ; croire au Christ, c'est croire profondément que je ne suis pas seul dans l'épreuve, aussi lourde soit-elle.

Ce n'est pas une question de justice ou de récompense : Dieu nous aime inconditionnellement… J'ose l'écrire, mais c'est incompréhensible. Quand j'ai rencontré à Lourdes une maman qui portait son enfant de trois ans atteint d'un cancer, j'ai eu envie de hurler : « Comment, Dieu, tu peux laisser faire des choses pareilles ?!! » Qu'est-ce que je peux dire à cette maman qui a beaucoup plus de courage que moi ? Qu'est-ce que ma foi peut apporter à ces personnes malades, handicapées ou encore qui accumulent les échecs, sans que personne ne leur vienne en aide ?

Dieu vraiment, c'est pas chic et je ne peux pas croire que tu puisses être complice d'un truc pareil. Un jour, je comprendrai peut-être. Mais aujourd'hui, je n'ai qu'un devoir : adopter l'attitude de Jésus pour aller à la rencontre de Job et de sa famille humaine qui souffre de mille blessures.

Ta vérité

J'ouvre mon cœur je veux te connaître
J'offre ma vie pour pouvoir renaitre
Dans ton océan d'amour je veux me perdre

Ta vérité n'a de cesse
D'attiser mon ivresse
Ta vérité m'oppresse et me blesse

Délivre-moi de ma faiblesse
Brûle-moi dans ta braise
Ne tarde plus consume moi sans trêve

Extrait de l'album *Sous les ailes de mon père.*

Chapitre 27

Le cœur de ma foi

«Au commencement était le Verbe…» Le début de l'évangile de Jean me bouleverse. Garder la Bible ouverte : c'est le lieu de tous les commencements. Inlassablement, j'y reviens. Le verbe est à la source : moi qui ne savais pas parler autrement qu'avec les poings, voilà qu'il y a une autre manière de s'exprimer. Ça sonnait creux au-dedans de moi, et voilà que la Bible vient y déposer des graines de sagesse qui ne demandent qu'à produire du fruit. C'est la grande révélation de l'histoire sainte et la découverte du peuple juif : Dieu est dans la relation, dans la parole. Dieu parle à son peuple. Le verbe me parle, la parole se fait entendre. Elle libère, elle entre dans un échange, elle se fait proche, audible. Dieu n'est plus abstrait : Il est parole. Il brise le silence de pierre qui m'habitait.

Ma foi a grandi avec une facilité déconcertante ; je n'ai aucun mérite, j'ai seulement eu la chance incroyable de rencontrer des témoins exceptionnels. Ce fut d'abord, évidemment, le Père Joseph qui m'a accueilli à la colo et n'a pas rejeté ma soudaine conversion, qui m'a emmené à Rome, en Terre sainte... Il aurait pu me remettre en place mais il ne l'a pas fait : il m'a fait grandir tout à la fois humainement et spirituellement. Il y a eu aussi Tim et Martine Guénard qui sont de vrais modèles de bonté, de foi, d'espérance. D'autres m'ont nourri, même si je les ai moins approchés, tels que Jean Vanier ou le soufi malien Tierno Bokar : c'était le maître spirituel du grand écrivain et conteur Amadou Hampâté Bâ. Il a vécu à Bandiagara et n'a jamais voyagé. Il est resté dans son village, travaillant le cœur de l'Islam et approfondissant la foi musulmane au point de partager une vision universelle du monde à la manière d'un Gandhi.

Ces témoins m'aident à réfléchir, à penser ma relation à Dieu. Mais je l'ai dit : Lourdes est une célébration permanente et je suis nourri des sacrements, l'eucharistie, la réconciliation… La prière occupe une grande place dans ma vie de chrétien. Comme mes frères musulmans, j'ai conscience qu'il y a des attitudes qui aident et soutiennent la prière. Se mettre en présence de Dieu, s'ouvrir à lui : c'est la porte d'entrée de la prière pour vivre ce dialogue, ce tête-à-tête qu'Il attend avec impatience. C'est impudique de parler de sa prière de la sorte, mais pourquoi cacherai-je la source de ma joie ? Grâce à l'accompagnement spirituel, je peux aussi « vérifier » que je ne me fais pas mon petit cinéma spirituel : prendre du recul, discerner les évènements de ma vie avec un guide, un moine, permet de poser les choses, de baliser ce chemin de foi sur lequel j'avance joyeusement et parfois… paresseusement ! Car la vie spirituelle n'est pas un chemin tranquille : éclairer ma vie intérieure peut révéler des zones d'ombre, débusquer des pièges. J'y reviens sans cesse, et je me garde bien d'oublier cette question qui me taraude et m'anime : « Qu'est-ce que Dieu veut pour moi ? » Comment vais-je lui répondre ? La Passion de Jésus nous aide sur ce chemin. Chaque vendredi, j'essaie de relire ce texte et je le médite. Revoir les scènes de Jésus qui se donne, approcher le mystère : voilà ce qu'est aimer jusqu'à l'extrême !

La foi est dans ce questionnement incessant. Il ne suffit pas de croire pour être sauvé. Il faut croire et entretenir la flamme, se tromper, reconnaître humblement les tâtonnements. Je me sens parfois porté, sur un nuage, rempli d'une paix profonde, d'une certitude inébranlable. D'autres fois, tout est vide, sec, creux. C'est moins agréable, mais ce n'est pas dramatique : la foi, c'est aussi savoir que nous ne savons pas, que nous ne voyons pas toujours. Le désert doit toujours se traverser.

J'aurais pu approfondir l'Islam et devenir un bon musulman. J'en connais qui prient avec ferveur, tels mon père, mon frère, des amis, avec qui je peux parler de religion. Je n'aborde pas le sujet avec d'autres, mais je sais que ce sont des personnes d'une belle ouverture, des hommes de paix. Mais mon chemin de foi n'a pas été celui-là. Ma relation à Dieu passe par Jésus, par l'incarnation, par Dieu à la fois tout puissant et infiniment proche.

Aujourd'hui, je ne voudrais pas suivre d'autre chemin : je choisis Jésus qui m'émerveille et me fait grandir. Moi qui suis si fragile, me voilà compris, relevé, nourri par les Évangiles et aimé sur ce chemin d'humanité que me propose la religion chrétienne. Cela n'enlève rien aux autres : ce que je vis dans la foi catholique m'aide à être ouvert à ma famille, à l'Islam, aux croyants et non-croyants.

Bien sûr, je voudrais souhaiter à chacun de connaître Jésus, de l'aimer et de se laisser aimer par Lui. Mais quand je vois comment, dans une autre religion, ils vivent leur rapport à Dieu, je ne doute pas qu'ils soient reliés à cette puissance d'amour infini. L'Esprit de Dieu touche les cœurs qui peuvent entrer en relation avec Dieu, quel que soit le chemin. Je ne peux pas enfermer Dieu : Il rejoint qui Il veut par des chemins que je peux ignorer…

J'utilise parfois cette histoire pour dire autrement ce que je pense : on demande à quatre aveugles de décrire l'éléphant, un animal dont ils n'ont aucune idée. L'un touche le pied, l'autre le ventre, le troisième la trompe, le dernier touche l'oreille… Quand on leur demande de qualifier l'éléphant, le premier parle d'un pilier épais et rugueux, le suivant d'une masse ronde comme une barque ventrue. Le suivant parle d'un gros tuyau d'arrosage tandis que le dernier évoque une toile tendue et rêche. Chacun est convaincu d'avoir fait une expérience concrète et déterminante : difficile de comprendre qu'ils ont tous les quatre une part de vérité !

Ne prêtons pas trop d'importance à l'histoire : certains pourraient en conclure que tout se vaut. Ce n'est pas mon propos, qui conduirait à se comparer les uns les autres. Mais de cette petite fable, retenons que nous pouvons avoir une perception différente d'une même réalité, et qu'il est toujours risqué d'absolutiser une expérience profondément personnelle. C'est vrai entre religions différentes mais aussi au sein d'une même foi : qui donc pourrait prétendre définir Dieu à lui tout seul ?

Mon père m'a aidé encore à comprendre cette simple humilité du croyant. À son retour de La Mecque, je m'étonnais qu'il ne retrouve pas ses coreligionnaires avec qui il avait vécu le grand pèlerinage. « Ils m'ont invité plusieurs fois, mais je ne suis pas chaud, m'a-t-il répondu. Ils ont une vision excessive de la religion, multiplient les rituels... Je ne peux pas vivre ma foi comme cela : tout a une mesure. » Quelle sagesse ! Nous sommes appelés à notre place, et non à chercher une place au mérite, dans l'excès, en faisant peu de cas de ce que nous sommes vraiment. Cela n'empêche pas de chercher à progresser mais le but est de devenir soi-même meilleur, et non de devenir un autre. Et mon père de conclure avec une infinie délicatesse pour moi : « Nous ne sommes pas le Prophète. Qui a été aussi proche de Dieu que le Prophète Mahomet ?... Et qui a été aussi proche de Dieu que Jésus ? »

Le cœur de ma foi, c'est ce mystère de l'incarnation. Le Verbe, d'un seul coup, entre dans l'Histoire. Il se rapproche de nous et se fait chair. J'ai envie de dire : « C'est incroyable ! » Et ce n'est pas seulement une affaire vieille de deux mille ans : c'est aujourd'hui encore qu'Il se manifeste.

Que Jésus parle aux prostituées, aux pauvres, qu'il choisisse une équipe de bonshommes pas très débrouillards, voilà qui doit nous réjouir. Quelle espérance pour l'humanité tout entière ! En quelques mois sur les chemins de Palestine, il n'en fait pas de grands théologiens ou des prédicateurs exceptionnels. Non, il leur propose de faire comme lui, d'être au contact, de ne pas se barricader dans un rôle, mais de toucher, de voir, de rencontrer les gens quels qu'ils soient. Il s'intéresse, il encourage, il console, il pleure, il parle… Rien de très glorieux, juste un chemin d'humanité bouleversant.

C'est simple, et pourtant : comme c'est difficile de suivre l'exemple de Jésus ! Nous n'avons rien d'autre à faire, et c'est tellement beau ! J'essaie humblement de poser ce regard sur les autres. Un regard de confiance et d'accueil. Parfois, il faut déjà commencer par ne pas juger l'autre. Et il peut arriver que la confiance soit trahie, en tous cas mal placée… Qu'importe, Jésus ne tient pas des comptes, il ne nous demande pas des résultats. Il nous demande d'essayer. Dans le monde, nous sommes invités à incarner l'amour qui est le sien et qu'il nous confie.

Épilogue

Dieu tout-puissant

Le premier Dieu m'a dit : « Je t'aime ». Ce qui s'est passé dans la chapelle cette nuit-là est une formidable déclaration d'amour. J'ai été infiniment gâté… Et j'ai dû apprendre ensuite à dire : « Je t'aime ». Ce n'est pas évident. C'est comme baisser la garde, me mettre à découvert. Le vieux dur de l'adolescence se méfie encore de cet amour qui sonne comme un « aveu » de faiblesse.

Je sais pourtant que Dieu a posé son regard sur moi, que je suis fait pour aimer. Nous sommes des êtres d'amour ! Mais alors, pourquoi aimons-nous si mal ? Cet appel de l'amour résonne à chaque page de l'Évangile. Dieu tout-puissant n'est qu'un amoureux fou ! Il faut du temps, quand la violence a été quotidienne ou presque, pour adopter ce langage de l'amour. S'émerveiller, reconnaître la valeur de l'autre, aller jusqu'à aimer ce qui vient d'un autre… quel défi !

« Aimer quelqu'un, c'est lui révéler qu'il est plus beau qu'il n'ose le croire. Aimer, c'est révéler et relever », nous rappelle Jean Vanier. La nuit de la rencontre, j'ai senti Dieu se pencher vers moi. Il se rend accessible en prenant lui-même l'initiative. C'est écrit dans l'évangile : « Jésus posa son regard sur lui et l'aima »[1]. C'est fort Dieu !

[1] Évangile de Marc 10, 21

Créations

Spectacles
La palabre des vestibules, 2001
Duo impromptu avec le conteur Frédéric Naud, 2005
1, 2, 3 savane, 2006
La farantrolle des Moumines, 2006
Lilanimo, 2007
La Toupie sous les étoiles, 2009
Ma vallée, un truc de fou !, 2010
Entre hyène et loup, 2012
J'kiffe Antigone !, 2014

Discographie
Fils de lumière, Monthabor Music, 2015 (Bayard Musique, 2011) ; prix de musique spirituelle Pèlerin-La Procure 2011
Sous les ailes de mon Père, Monthabor Music, 2015

Site
www.ladjidiallo.com

Table des matières

Compositon : Monthabor
Imprimé en France en avril 2016
par CPI Firmin Didot
Dépôt légal : avril 2015
Numéro d'imprimeur : 135097
ISBN : 979-10-93332-01-7